致吉奥塔（Giota）：一生的对话

以此纪念安德烈亚斯（Andreas），
你的善良、睿智和对文字的热爱，
给了我无限的惊喜。

目　录

第六章　超个性化：为百亿人打造未来

第七章　忠诚品牌：大众化营销的终结

第八章　数字窘境：保卫未来

序　言

生而为人，注定做不到世事洞明，每当面临重大的变革，我们往往只看到注定会被颠覆的已知领域。面对茫茫的未知领域，我们却因害怕失去而心生畏惧，看不到同时还有收获喜悦和满足的可能，更不会因此感到欢欣鼓舞，只因我们尚未亲身经历。[1]

——玛丽亚·波波娃（Maria Popova）

当今世界正面临历史上最深刻的变革：从工业社会过渡到一个对新型知识资本和行为有深刻认识的社会，这里所说的行为既包含人类自身的行为，也包含人类所创造的智能机器的行为。

本书的写作前提很简单：原有的经济、商业和社会发展的工业模式，其基础是机械有序的世界观。没有个体，只有千篇一律的市场。在其快速发展的背后，是与多种复杂因素和法律监管之间的巨大摩擦，并且因为大肆掠夺自然资源，给生态系统造成了严重的影响。

19—20 世纪的工业时代，人们制造了大量用于批量生产的工具，旨在为大众市场开发并提供易于复制的商品和服务，这种方法十分奏效。自 19 世纪初以来，世界人口从 10 亿增长至 70 亿，全球人均GDP（国内生产总值）从 1 669 美元增长至超过 10 000 美元[2]，美国人均 GDP 从 2 400 美元增长至超过 60 000 美元。[3]

凭借千篇一律的大规模生产，交通、住房、消费、商业、医疗、教育等社会事业均以空前的速度发展。

但工业时代的机械化模式已逼近极限，臃肿、低效，数百亿人的需求难以满足。随着新体系和不确定因素不断涌现，我们需要改变僵硬的、机械的"解决"问题的方式，转换思路，以应对那些不断变化且根本"无法解释"的行为。

我们并非要将传统的工业模式全部摒弃。在未来，自动化、生产、供应链、分销和运输领域的进步仍将逐步提高生产力，只是人们不能再指望两个世纪以来的增量和同样的问题解决途径能够再延续200年，否则等待人们的将会是经济、生态和社会的全盘崩溃。

这一变革的核心正是本书的中心思想，主要包括两大颠覆性理念。其一为新技术，诸如人工智能（AI）和自动化设备等，能详尽解析所有事物的行为，这是人类无法做到的；其二为针对工业时代一些最基本框架的全新思维模式：人们如何解决问题，如何运输、出行，如何保护知识产权、不动产权、数字产权，以及如何创造符合人类需求和价值、高度定制化的产品和忠诚品牌。

人们普遍认为现有的诸多商业原则是工业社会摩擦的必然产物，我们的目的就是挑战这些原则。在这个过程中，我们试图消除对新技术和变革的畏惧，但与此同时恰好也增加了这种畏惧。

其实，许多即将到来的变革都有一个独特之处，这也正是本书的论点：它们都是无形的。想要看见这些无形的变化，了解行为背后真正的驱动力量，就必须抽丝剥茧，透过层层的理解和猜测去探寻。

两个世纪以来，人们见证了诸多伟大的科技进步：飞机、汽车、流水线和自动化生产、医学诊断与疗法等，但在未来的 200 年里，引发变革的最深刻、最有创新意义的技术和机制，将是你我都无法看见的。它们将深藏于各类设备之中，而那些设备看起来将与我们今天的设备别无二致。

人们仍将使用轿车、卡车、公共汽车、飞机、轮船和火车等交通工具，使用电脑处理大部分业务和流程，通过网店、实体商店和小杂货铺买卖商品和服务，在楼房和公寓内居住，在写字楼里上班。货币仍将维系全球贸易发展。公司依旧要向其所有者和投资者发行股票。工厂还会继续生产货物、提升生产力、优化全球供应链等。然而，对未知世界的茫然仍将极大地左右我们的决策。

这似乎不是我们应许过的那个未来，对吗？没有飞行汽车带我们在城市上空穿梭，没有机器人管家为我们收拾打理，更没有空间传送器让我们瞬间转移到另一个大陆或星球。

几乎各种版本的未来世界都把重点放在了"表象"上，就像"杰森式"（Jetsonian）的私人飞行器、机器人宠物和用人，还有悬浮在云层上耀眼的城市。[4] 毕竟，人类是视觉动物，形象就是卖点。

不过，我们不妨停下来思考一下过去 60 年来发明和科技进步的轨迹：越来越多的创新都是不可见的——电力、无线电、晶体管、软件、无线通信、新的化学制品、基因组学等。然而，这些创新都对我们的生活产生了深刻影响，只是即便手握晶体管，也很少有人知道那是什么。如果你正在阅读本书的电子版，你其实是捧着数百万的晶体管。

越来越多无形的创新正在改变我们的世界。有的改变是基于人工智能或机器学习的创新，或是像自动驾驶汽车（Autonomous

Vehicles，AVs）一样，通过监测环境，做出调整，制定海量微小的决策。有的则来自对人类、自然界以及人造体系的行为的观察和剖析。但不管是哪种形式的创新，多数时候人们对视线之外的事情一无所知。改变未必是我们看得见的部分，也可以是带给人们体验的无形力量。

那么，为什么要揭示这些隐藏的力量？难道仅知道它们的确有用还不够？毕竟，真正了解或在意晶体管如何工作的人很少，在大多数人看来，它只要能工作就行。之所以需要揭示这些隐藏的力量，是因为我们所面对的，不再是单纯根据人们的指示工作、对人类无知无觉的机械化设备。我们要讨论的技术，已经能够对我们有所认识，并且能创造它们自己的世界。它们能自行做出对社会、商业和生活产生深刻影响的决定。它们会学习、演化，甚至威胁人们最神圣不可侵犯的地带——隐私，披露人们最私密的思想和行为。简言之，它们会给世界带来前所未有的、颠覆性的改变。

研究这些技术的挑战在于，人们往往高估其风险而低估其价值。例如，根据美国汽车协会（American Automobile Association）的数据，78% 的人对自动驾驶汽车心怀恐惧。但同时，有 59% 的人希望自己购买的下一辆车具备自动驾驶的性能。这一矛盾恰恰说明，人们对自动驾驶汽车的风险和价值知之甚少。

此外，皮尤研究中心（Pew Research Center）近期做了一项研究，对 461 位成人的多种行为进行跟踪调研，调查对象包括他们的购物优惠卡、医疗记录、视频观看记录、社交媒体及车辆保险等，结果表明，关注隐私和不关注隐私的人数几乎各占一半。[5] 在每一例调研中，受访者都会被告知，如果他们提供自己的行为数据，就可以获得一定的折扣、产品及服务推荐等。也就是说，对半数的人来说，这足以让他们放弃些许隐私。

很显然，人类正处在十字路口，主要原因在于对人工智能的价值和风险缺乏全面认识。因此，无论是个人、员工、客户、企业家还是领导者，都需要进一步认识这些隐藏的力量，了解它们究竟将如何塑造未来、塑造人类。

生活中处处都有揭示隐藏的力量（见图 0.1）的情景，我们仅选取其中几个最能说明当前的挑战和机遇的例子。这些情景会带来翻天覆地的变化，进而为未知的将来指引方向。

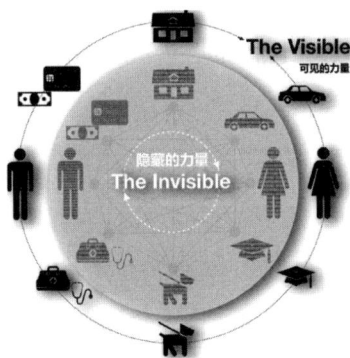

图 0.1　隐藏的力量

图 0.1 说明：我们所讨论的揭示隐藏的力量，是指解析人们自身、他人、机械设备、物体以及相关机构的数字行为的能力。每个个体都能有一个与其他数字对象互动的数字自我（digital-self）或数字孪生体（digital twin，其数字行为的合集）。人们可能看不到或无法理解这些对象之间复杂的互动，它们与人们传统观念中有形世界的运作方式存在极大的差异，但计算程序和人工智能很容易理解这些行为，并据此对将来的行为做出预测。我们相信在未来 100 年内，创新的巨大价值将源自对本书所述的隐藏的力量的解析和应用。

行为商业

工业时代是一个去个性化的时代，个体的意义只存在于人口统计数据、一代人、消费者群体，以及尼尔森收视率调查（Nielsen rating）中。但如今，市场不再是人口粗略统计数据下的条目。美国普通小镇上的普通家庭，平均每家有 2.5 个孩子，这样的描述只是为了掩饰一个事实：我们其实不能理解个体的行为和需求。

到此为止吧。

人们已经开始将颠覆性的新技术用于收集和了解那些未曾认识到的行为，这赋予了人们超乎想象的洞察力，让人们借助社交媒体、移动设备、穿戴设备、内置传感器等组成的全新的数字生态圈，重新认识自己的生活，而这些都在为向个体提供持久、超个性化的产品和体验创造可能。

人工智能

不仅仅是人类的行为可以被收集和分析，很快，每个人、每种数码产品都会有一个数字自我——一个可以和其他数字实体交流、互动、协作的数字孪生个体。自动驾驶汽车、智能设备及智能机器将会展现出它们独特的行为模式，它们将会通过学习和进化，更好地了解人们原本看不到的复杂世界是如何运行的。

但是，我们害怕人工智能。特斯拉的 CEO（首席执行官）埃隆·马斯克（Elon Musk）曾将研究发展人工智能比作"打开了潘多拉魔盒"。本书将尝试消除人工智能带来的恐惧。我们的目标是证明：我们需要人工智能，它是人类不可或缺的合作伙伴，如果没有人工智能，人类所要面临的风险将远远超过它可能带来的任何潜在的威胁。

自动化设备

毫无疑问，自动化设备的演进是我们要重点探讨的一个领域，其中最著名的就是自动驾驶汽车。运输工具是工业时代最伟大的产物，它的出现实现了人、货及原材料的快速转移，它对商业、城市化和自动化发展的贡献是任何工具都无法比拟的。但同时，它也是碳排放的元凶，是威胁生命安全的第一杀手，对车主本人来说，汽车算是其资本使用效率最低的一种选择。[6]

与此同时，人们已经对汽车的外观和价值的衡量标准达成了共识，从满足驾驶汽车的需求，到根据"乘客座位朝前"的配置来界定（和限定）腿部的空间，再到高性能跑车带给人风驰电掣的驾驶体验，人们对汽车的评价始终基于一个先入为主的观念——我们应该要什么。

自动驾驶汽车最大的影响在于，它将重新定义我们对汽车、汽车的用途及表现的认识，为100亿人重构一个高效、安全、环保、可持续的运输环境，届时很多人可能就不会再有"汽车该是什么样"这种固化的认知模式了。

数字生态圈

工业时代造就的生产工具效率极低。商业宛如一艘远洋巨轮的锅炉房里相互啮合的齿轮，毫无美感可言。它需要不断地进行人为干涉，还制造出了错综复杂的程序、规范、中间商、经理人等各种形式的摩擦力，而人们也已经理所当然地把这些摩擦力看作工业社会运作必不可少的一部分。想掉转这些大船的行驶方向以探索新的市场、满足新的需求，就如同试图让在黑暗中全速前进的泰坦尼克号掉转方向避开冰山一样，其反应和行动都太过迟缓。当大型产业中的各企业在面临不可避免的冲击而苦苦支撑时，总会登上高高的瞭望台，凝望未来，发出这样的感慨："为什么它还不转向？"

更糟的是，我们开创了各种行业来创造就业，正因这些摩擦力导致的低效，某些人才不至于失业——金融机构、政府监管机构、代理商、中间商等的存在不是为了减少摩擦力，恰恰相反，它们正是依靠摩擦产生的"热"才得以生存。

工业时代的模式已不再适合当今的数字技术或市场，若你对此存疑，不妨想一想：如果可以重新设计你的公司，它还会是今天这个样子吗？除非你的公司成立不到 10 年，否则它很有可能不再是现在的样子。实际上，瑞信（Credit Suisse）最近发布的一项报告指出：一家公司在标准普尔 500 指数的平均上榜时间已经从 20 世纪 50 年代的 60 年减少至不到 20 年（2017 年统计）。[7]

商业伙伴网络的整合日益复杂、过多的管制、不能快速地适应、缺乏对消费者个体的深入了解，以及糟糕的消费者体验，创造了一个巨大的机会：消除这种摩擦，创造一个新的数字生态圈，专注于每一个个体的需求。

所有这些转变（以及后面会讨论的其他改变）都将会是颠覆性的，远非我们现在所能预见的，而它们所带来的益处也一样难以预见。不过好的一面是，所有这些都不是突变，而是会逐步发生——有时大张旗鼓，有时饱受非议——有时甚至难以察觉。比如说：

· 自动驾驶汽车将会大大降低运输的生态影响，创造出前所未有的安全和机动性的驾乘体验。

· 人工智能的内置装置将可以预测我们的需求，预测疾病，改善我们的健康情况。

· 超个性化的医疗服务将可以根据人们的个人基因组，匹配相应的疗法。

· 随着企业争相寻觅能够通过对用户行为模式的了解来证明它们对每一个消费者的忠诚度的方法，诸如品牌忠诚度这样的概念会逐渐在公司层面发生转变。

· 通过发现我们周围复杂的自然系统和人造系统中那些隐藏的行为模式，人工智能将开始解决我们这个时代存在已久、最亟待解决的难题。

· 新的数字生态圈将消除摩擦，把工业时代僵化的商业模式变为快速响应、适应度高、以客户为中心的生态圈体验。

这些听起来令你难以置信吗？那你当真低估了我们重塑未来世界的能力。如果我们告诉你，100 年后，知识经济领域的工作人员占比将会减少 95%，你会做何反应？但这是美国的务农人员在过去 100 年经历的真实情况——从 1900 年占国家整体就业的 38% 下降到了今天的 2%，而农业产出反而提高了 2 000%。[8] 这还不够震撼是吗？如果我们宣布，未来的 70 年，电脑设备的数量会以 9 个数量级的速度增长，你会做何感想？同样，听起来似乎荒诞不经，但这就是过去 70 年实际发生的情况。[9]

这就是我们将会推动的那种转变：通往未来的旅途中，商业和社会都将得以重塑。

这一过程当然不免蜿蜒曲折，但未来从来都不是一条畅通无阻的直行道。我们会尽量不要太过天马行空（没有空间传送器或飞行汽车，也没有云中的城市），但这个故事会有很多条线索，我们要尽己所能描绘出它所有的脉络。最重要的是，书中的描述在现实生活中已经顺利开展，当然，问题是何时我们才能实现所有的构想？何时我们才能抵达旅途的终点？

决定这些想法何时才能进入我们的主流世界、商界和生活的不是潜在的新技术，而是我们对新技术带来的新行为的接受能力。如果历史给过我们什么提示，那就是它的发展总比我们想象的快！

那么，就把这作为前奏，一起来揭开未来的面纱吧。

第一章

行为何以成为新的全球货币

"人已成为其工具之工具。"

——亨利·戴维·梭罗（Henry David Thoreau）

理解行为是 21 世纪的制胜法宝。

鉴于此，本书开篇第一章将探讨企业如何利用"你"——即将迅速成为 21 世纪最有价值、最令人垂涎的商品——来解析人们的行为。

人们在数字世界和实体世界中的行为，正以空前的速度被记录、存储在巨型仓库中并进行分析，这些巨型仓库俨然已成为数字金矿。人们的行为记录像商品一样被买入，最后被卖给出价最高者，其目的不仅是要搞懂你，而且是要推测你的行为。为了能享受全天候提供知识信息、网络连接、轻松消费和超个性化体验的产品、服务和应用，人们正逐渐放弃自己的个性和最私密的时刻，这犹如一场看不见的交易。

在这个过程中，行为逐渐成为算法驱动下的新型资本、商业模式和科技基石，算法工具能够从人们浏览网页、购物、健身、饮食及驾驶等习惯中找出隐藏的深层次规律。

突然间，每个人都有了一个数字自我，它是人们个性化行为的数字合集。你无法给数字自我下定义，至少无法有意为之，因为你尚且不是其所有者，也没有接触的途径。但在诸多方面，它基于你每时每刻的生活方式，充分地体现了你最真实的一面：

一个脱离了肉体、丝毫不情绪化且一贯坦诚的你。

从表面上看，这似乎是一桩非常不划算的交易，一桩为了某些尚不明确的好处而暴露自己的交易。然而，人们依然心甘情愿地放弃那些信息，有时甚至有意为之，不过多数时候还是在不知不觉中放弃的。60% 的美国人都有 Gmail（谷歌的免费邮箱服务）账号，不过在这 60% 的人中，会把自己过去一年来邮箱的使用情况告诉街边的陌生人，说"这些是我最隐私的想法和通信记录，给你看"的人，可能连 6% 都不到。但其实谷歌通过邮箱获得这些人的数据几乎没有任何成本，是你拿自己的行为作为货币换取其服务。

不妨想想，你每天浏览的网站、使用的智能手机及应用、家中的传感器、电子设备、你开的车，甚至当你的目光扫过杂货店货架时眼球的运动，从以上种种细节中，每天能捕捉到超过 250 条关于你的生活和行为的数据。[1]

截至 2020 年，地球上平均每人每秒将产生约 1.7 兆字节（Megabyte，MB）的新信息。[2]令人惊讶的是，当今世界上 90% 的信息都是在过去短短两年的时间内产生的。这些信息的来源无处不在：用于收集购物行为的传感器、上传到社交媒体网站的信息、数字图片和影像、购物交易、手机定位信息及 GPS（全球定位系统）信息等。

2010 年，德国政治家马尔特·施皮茨（Malte Spitz）想了解德国电信公司（Deutsche Telekom）对其手机使用情况的掌据程度，于是提出上诉，要求后者提供其个人手机使用记录。为了大胆揭示信息的详尽程度，施皮茨向《时代在线》（Zeit Online）提供了六个月的历史记录，后者根据施皮茨的通话、短信、社交网络及网页浏览等信息，绘制了其在此期间的详细出行地图。[3] 施皮茨的信息包含超过 30 万个数据点，相当于平均每天有约 2 000 个数据点，而且这仅来自他个人的手机及公开的历史浏览记录信息。

这些数据究竟有多大价值？预估结果相去甚远，每个人的信息价格是 1~12 美元不等。[4] 这听起来似乎不算什么，无非相当于一个小份比萨的价钱，甚至在纽约，估计只够买一块比萨。这就像那个由来已久的游戏：根据身体的化学元素构成来估计人的价值，结果约为 4.5 美元。[5] 恐怕多数人都不会接受，这样一个数字怎么能代表具有意识和生产力的人类的准确价值呢？对数字自我而言也是同样的道理。

虽然获得一个人的数字自我的数据或许仅需 12 美元，但就获得这些数据的公司而言，其价值至少是这个价格的 20 倍，具体取决于这些公司自身的价值。

有一个更为直观的衡量方法就是，将各大社交媒体公司的市值分摊到每个用户身上。如图 1.1 所示，单位用户带来的平均市值不低于 100 美元。

一两百美元看似不多，但获得的"你"的信息将会不断增值，目前还没人能计算出结果。

脸书、领英及推特的
市值、用户数量与单位用户市值对比

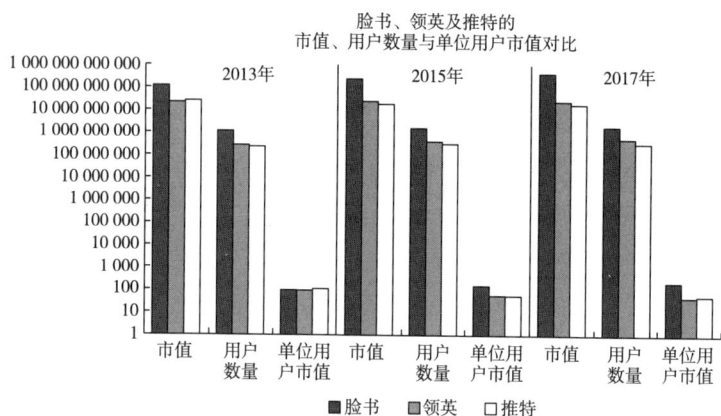

图 1.1 数字自我的价值

图 1.1 说明：目前行为商业尚在起步阶段，要弄清楚数字行为的价值非常困难。不过大致可以根据主要的社交媒体公司的市值，以及每个公司拥有的用户数量来衡量。如图所示，结果从50~200美元不等。同时，你的数字自我包含的信息，要比这些社交媒体平台掌握的信息多得多。不过这个数值可以当作一个最低参考值。

被捕捉行为和掌握数字自我的范围并不仅限于人类。在我们设想的未来，自动驾驶汽车、智能设备和具备学习能力的机器，都将拥有数字自我（我们也称其为"数字孪生体"）。有了人工智能的支持，汽车将能够进行决策并采取行动，从而形成其自身的行为记录。

如今，每辆新车每小时能产生 4 太字节（Terabyte，TB。1TB 约为 1000GB 或 100 万 MB）的数据。[6]本书第四章将介绍，将来这些车会成为自己的主人，并自行完成维护、投保、购买和销售等行为。这虽然很难理解，但所有必需的构成元素以及本书所述的一切技术都已准备就绪。

只要观察一下牙牙学语的孩子与科技的互动就会明白，行为已逐渐成为人们互动中一个普遍期待的环节。我们都见过还穿着纸尿裤的幼儿翻书的情景，他们会因为平板电脑或智能手机没有回应自己的行为而感到疑惑、沮丧。在他们眼中，世界应该像人类一样表现出行为和智慧，而杂志就像是一台有瑕疵的 iPad（苹果平板电脑），如果它没有及时响应，那一定是坏了。

不过先别想得太远，我们不妨岔开话题，问问自己，我们为什么会变成产品？

剃须刀片

1895 年，金·吉列（King Gillette）萌生了一个非常聪明的想法：把他那昂贵、笨重、需要高昂维修费的直刃剃须刀，替换为价格实惠得多并且方便普通人使用的工具。他想到用一次性剃须刀片，然而这个想法并未很快获得成功。直到后来他拿下了为美国陆军提供剃须刀和刀片的合同，事情才开始有所好转。士兵回家的时候一定会带上吉列剃须刀和不少刀片。

关于金·吉列成功的故事，还有不同的版本。其中一个版本是这样的：吉列最初免费赠送剃须刀片，希望借此销售更多的剃须刀（剃须手柄）。很快吉列意识到应该反过来才对，一旦人们买了吉列剃须刀，他的刀片不就成了不可或缺的商品了吗？这就是"放弃剃须刀，刀片才是摇钱树"的"剃须刀与刀片"营销模式（razors-and-blades model），接受过大学基础商业课程或营销课程的人对这一模式应该都不陌生。

还有另一个版本则给出了更贴近实际，也更为复杂的解释。为使其剃须刀和刀片在竞争中长期保持优势地位，吉列申请了专利，希望用户产生非比寻常的品牌忠诚度，认为只有吉列的刀片才能搭配它的剃须刀使用，从而让吉列能够以优势品牌进行价格定位，并在未来的100年成为市场领跑者。

不论吉列究竟采用了何种策略，诸多公司及行业都采用了"剃须刀与刀片"的标准商业模式。其中不乏人们熟知的索尼公司的Walkman（个人随身音乐播放器）与盒式磁带、PlayStation（家用电视游戏机）与游戏卡带、喷墨式打印机与墨盒、iPhone（苹果智能手机）与手机应用程序等。

2016年，苹果公司iPhone的总销售额约为2 000亿美元，而应用商店里应用程序的销售额竟达到了近300亿美元。[7] 就苹果公司的情况而言，"剃须刀"（iPhone）的整体销售额更高，但可以看出"刀片"（应用程序和服务）的实际利润正在逐步逼近，最终很可能会成为苹果公司最大的利润来源，因为这部分收入主要来自第三方应用程序开发商，苹果公司无须任何花费就能获得30%的版税收入。

到20世纪90年代末，当互联网首次进入主流社会时，"剃须刀与刀片"模式发生了非同寻常的变化。如果把互联网看作

"剃须刀",那么其潜力之一就是让软件应用程序发挥"刀片"的作用,并且实现远远大于实体刀片的规模。

互联网的目的是成为人人都能免费使用的平台,至少拥有硬件设备的人都能使用。这有别于"剃须刀与刀片"模式的根基——所有权经济学(ownership economics),因为没有哪家公司能够独享其带来的福利,不过这一点很快就会改变。

我们何以成了"刀片"

20 世纪 90 年代出现了一种新型软件。随着互联网应用的普及,与互联网相关的需求不断增长,各种免费应用程序层出不穷,能够满足人们的各类需求,从购书到出售二手鞋,一类被称为互联网公司(dot-com)的群体很快宣布对这一新领域的所有权。互联网公司的理念广泛传播,甚至威胁到了众多中间商(包括实体店、汽车经销商、出版商、影音租借店等)或功能类似中间商的其他行业参与者的生存。

在炒作与投机中诞生的互联网泡沫最终于 2000 年破裂,股市市值瞬间蒸发了近 5 万亿美元。显然,互联网现象具备所有投机泡沫的特点,但这并非导致其失败的唯一原因。即便没有投机性投资活动,互联网模式依然存在缺陷。真正摧毁互联网公司的是所谓的"赚眼球"(capturing eyeballs)现象。互联网公司的潜在价值取决于登录其网站的人数,而问题在于,利用"眼球"变现并非易事。一方面是因为通过互联网进行购销活动的电子商务仍处在发展初期，摩擦在所难免；另一方面，也是更主要的原因，"眼球"的实际价值尚不明确。互联网公司曾试图放弃"剃须刀"，但没弄清楚"刀片"是什么。

不过，在互联网泡沫中也有为数不多顺势成功发展的公司，如亚马逊、谷歌、脸书等。这类公司在业务的长期价值方面都有一个共同特点，即它们能够改变创造价值的方式。

这些公司并未企图通过赢得大量客户的"眼球"，以及那些根据个人需求使用应用程序的人来赚取利润，而是把客户变成了产品。这种观点很有创意，也很简单。人成了"刀片"！对用户的行为了解越多，就越能更好地定位广告、产品，提升其他产品和服务的销售，有时甚至连用户自己都不知道这正是他们想要的。

这说明人们对市场的看法有了翻天覆地的变化。200年来，人们一直在玩猜谜游戏，企图通过开展团体深度访谈、进行粗略人口统计、掌握季节趋势等可见指标预测大众需求，从而帮助我们认识、分析广阔的市场，以期破解隐藏的市场驱动力。

如今，我们即将进入一个全新的时代，产品、服务、娱乐，甚至政治选举都能根据个人偏好来设定。这是我们第七章将要讨论的超个性化，即通过某个人的线上及线下行为，剖析连他自己都无法理解的个人特征。但不要把它与个性化混为一谈，个性化是指对普通营销活动的提升，或在产品上增加个人姓名等细微的变化。

但从根本上看，这些变化并未催生全新的模式。20 世纪媒体帝国的诞生，源于向广告商销售获取各类消费群体市场的渠道。20 世纪初期，世界上最富有的人既不是石油大亨也不是钢铁巨头，而是威廉·赫斯特（William Hearst）。他利用遍及美国各大城市的 30 份报纸，在鼎盛时期建立了世界上最大的广告帝国。

大众媒体采用的人口统计学基础是群体而非个体。尼尔森电视收视率能告诉你，年龄在 30~50 岁、家庭年收入为 5 万～6 万美元、开皮卡车的男性中，有多少人在观看超级碗（Super Bowl）比赛，但它无法告诉你"我"是否在观看，以及"我"为什么会看超级碗。

现代社会，大众媒体采用的人口统计方法逐渐被大数据（Big Data）取代。但大数据并不了解你，它只是把你放入一个具有相似行为的数据库中。有了大数据，杂货店能够获悉年龄在 20~30 岁的男性，在周六下午经过杂货店时经常会购买啤酒和尿布，但大数据无法告诉你在这些男性中，哪些人一边观看 ESPN（娱乐与体育节目电视网）的足球比赛，一边通过谷歌搜索抚慰哭闹新生儿的方法。

通过本书我们会明白，从了解市场到了解个人的转变是最深刻的变化之一，它将决定未来的价值是如何创造的。因此，一场获取地球上每个人信息的竞赛已经开始。

然而，有一个很重要的问题是，你的数字自我（再次说明，指定义你行为的数字合集）是完全不成体系的信息，没有所有者来赋予其意义。

众多的应用程序、平台、设备及地点都想最大限度地捕捉你的信息，而你的数字行为就分散在这样一个巨大的生态圈中。亚马逊知道你通过其平台购买的商品；谷歌知道你使用其搜索引擎搜索了哪些信息；通用汽车公司知道你如何使用OnStar（安吉星）系统驾驶汽车；塔吉特（Target）公司知道你在哪个商品过道或区域花的时间最长、消费最多；只要你通过Travelocity（在线旅游服务公司）订票，它就知道你的旅行目的地和选择的交通工具；如果你使用iPhone，苹果公司就会知道你的步行距离和睡眠质量；脸书根据你发布的内容就能知道你养的宠物、喜欢的食物以及你的心情；如果你用过Roomba（扫地机器人）吸尘器，iRobot（机器人制造商）就会知道你会如何布置家具。你成千上万的不经意之举，那些你以为只有自己可见的行为，突然间被诸多你根本没有听说过的公司追踪和交易。

突然之间，包括亚马逊、Netflix（网飞）、Spotify（声田）在内的网络公司开始根据你的购买或搜索记录为你推荐商品。这个功能有时确实很实用，但大多数时候都令人哭笑不得。例如，谁会在日食发生的两个星期之后再买一副观看日食的眼镜？

接下来出现了新的变化。各种基于人们的电子邮件对话、谷歌搜索记录及网页浏览习惯的广告，开始出现在人们使用的浏览器上。然而奇怪的是，出现在某网页上的广告跟网页的内容几乎没有必然的联系。如果你曾在家得宝（Home Depot）网站上搜索挡风门的价格，你可能会在宠物网站上看到有关挡风门的广告。起初这一切看似巧合，但接连出现就显得老套而诡异，而且还会愈演愈烈。

2008—2009 年，脸书等公司开始追踪其用户在其他网站上的行为。换句话说，即便你不登录脸书网站，它也能追踪到你的行为。这就是脸书早期推出的"灯塔"（Beacon）项目，但该项目最终遭到集体诉讼，脸书不得不终止它，并且 CEO 马克·扎克伯格（Mark Zuckerberg）为此发表了公开道歉。[8]

> 开发这项功能，我们犯了许多错误，在解决问题时还犯了更多错误。我们推出的这项功能表现很差，我为此道歉……我们没能迅速采取行动，花了太多时间来决定正确的解决方式。虽然最终问题得到了解决，但我并不满意，因为我们本应该做得更好。

但另一个项目没有终止。当时脸书正在开发 Connect（连接）服务，开发完成后很快就发布了。Connect 是一个单点登录的应用程序平台，第三方可借助这一平台让其用户使用脸书凭证登录。Connect 获得了成功，主要是因为它为不喜欢记忆各种用户名和密码的人提供了另一种登录途径，那就是用脸书凭证登录。然而，用户在享受这些便利的同时，通过 Connect 也分享了自己在众多应用程序上的行为数据。

这样做的远不止脸书一家。Quantcast（数字广告公司）、Acxiom（安客城）、Corelogic（房地产数据分析公司）、Datalogix（广告分析公司）、eBureau（科技创业公司）、ID Analytics（身份和信用数据分析公司）、Intelius（信息商业公司）、PeekYou（社会化找人服务搜索引擎）、Rapleaf（网络追踪公司）和 Recorded Future（威胁情报公司）等大众熟知的数据经纪公司，大多已经开始利用线上及线下渠道收集大量个人数据，它们已经开始利用 cookies（储存在用户本地终端上的数据）将这些数据关联到每个人。美国联邦贸易委员会（FTC）的一项调查表明，高达 220 个关于你的数据点通过这些公司关联到你个人。这些数据涵盖了你的住址、位置等基本信息，还包括你的社会安全号码（SSN）、驾照号码、使用社交媒体的习惯，以及你正在服用的非处方药。[9]

是不是感到毛骨悚然？想想看，收集这些数据是多么容易。基于本书的一项调查，目前全球有 34 亿人使用智能手机，其中 80% 的人不论是白天还是夜晚，始终把智能手机放在距离自己不到三步的范围内。汽车、住房甚至连睡觉的床都配备了传感器。突然间人们所有的行为在不知不觉中就变得一览无余。不论你是否喜欢，这就是新常态：人们的隐身斗篷已不复存在。

市场营销的目标不再是剖析细分市场，而是剖析你。

人们隐藏的行为用于为拥有这些数据的公司创造利益，这一切仿佛"奥威尔式"（Orwellian）①的不祥之兆，并非只有你一人感觉如此。当我们刚开始写作本书时，一位同事建议用"黑暗数字"（Dark Digital）作为书名，意指光鲜的外表下暗藏邪恶，公司正逐渐变成"老大哥"，而我们应该揭露（或者更准确地说是曝光）这一切。人们对隐私暴露的影响绝不陌生，讨论这个问题以及如何才能更好地保护数字自我将花费大量时间。但本书关注的重点不仅在于人们的行为如何被用于对付人类自身，还在于这些数据将如何为人们的生活、商业和社会创造重要价值。

我们知道，人工智能的出现给人们隐藏的行为带来了严重威胁。但其实随着历史进程的推进，人们的行为本就在逐渐变得透明。其原因并非某个实体暗中为自己谋私利，而是更大的透明度能惠及整个社会。

行为技术的诞生

GPS 是迄今为止最早投入使用同时也是使用最广泛的行为

---

① Orwellian 的词源是英国小说家乔治·奥威尔（George Orwell），该小说家因撰写政治讽刺小说而著名。"奥威尔式"可释义为"受严格统治而失去人性的社会"。——编者注

追踪技术。该系统自 1978 年起一直为美国军队所用，如今它能借助 24 颗卫星准确定位装有 GPS 的物体。发明该系统的是美国海军研究物理学家罗杰·伊斯顿（Roger Easton），他发明的"卫星导航系统和被动测距技术"于 1974 年 1 月 29 日获得美国专利，专利号为 3 789 409。伊斯顿对基于地面定位系统的研究始于 1943 年。[10]

然而直到 1983 年，苏联空军击落意外飞入苏联领空的韩国 007 号航班客机，美国总统罗纳德·里根（Ronald Reagan）才下令对私营部门开放 GPS。尽管军队曾限制私人获取 GPS 的某些数据，但到 2000 年时，比尔·克林顿（Bill Clinton）总统对私营部门开放了 GPS 的全部数据。

GPS 给人们带来的益处是多方面且显而易见的：提高了安全性，提升了急救工作人员的效率和速度，同时增强了追踪人员和财产的能力。但有些益处经常出人意料。例如，在汽车回收率较高的地区，汽车经销商通常会在销售的车辆上安装 GPS 追踪设备，本意是在车主无法按期还款时追踪车辆的位置，但这些设备恰巧还能用于破获劫车案和绑架案。

在一件媒体广泛报道的劫车案中，丹尼·孟（Danny Meng）的奔驰汽车遭到劫持，劫匪是 2013 年 4 月制造波士顿马拉松恐怖袭击并杀害校警肖恩·科利尔（Sean Collier）的沙尼耶夫（Tsarnaev）兄弟，丹尼向警察提供了其支持 GPS 的车辆登录信息，警方据此追踪到了劫匪的位置并将其逮捕。

GPS 已经广泛运用于诸多安全设备和追踪设备中。2015年 8 月，得克萨斯州罗利特镇的一起绑架案成了头条新闻，一名患有亚斯伯格症候群（Asperger's Syndrome）的 15 岁女孩遭到绑架，而她的母亲用女孩装有 GPS 的可穿戴设备定位到了她的位置。母亲通过女孩的可穿戴设备中的内置话筒，听到了袭击发生时女孩与绑匪搏斗的声音。这是首个私人使用 GPS 的案例，就像 20 世纪 80 年代的科幻片一样新奇。[11]

当今规模最大的 GPS 应用技术，可能要数美国联邦航空管理局（FAA）的"下一代"（NextGen）空管项目。该项目计划于 2020 年给所有商用飞机配备机载 GPS 和全数字化通信设备，以取代地面雷达系统。[12] 这个项目对航空安全和油耗有着不可估量的影响。美国各大航空公司每年所需油耗超过 170 亿加仑①，总成本接近 250 亿美元。[13] "下一代"空管项目预计每年能降低 12% 的油耗和排放量，相当于 220 万辆汽车每年的油耗和排放量。

从便利的角度看，GPS 带来的收益及其不可或缺性都是不可否认的，类似的例子成千上万，无一不证明了 GPS 具备更大的社会价值和经济价值。因此，这也是当今人们愿意用隐私交换透明度和价值的一个绝佳范例。然而，提升透明度和失去隐私不可避免地伴随着一定的风险。人们虽然可以使用各种科

---

① 1 美制加仑 ≈ 3.8 升。

技手段和法律手段来保护自己，但偏偏无法消除这种风险。实际上，随着本书所讨论的科技和行为记录手段的进步，这种风险还将显著提高，而且是人们无法及时察觉的。不过与此同时，价值也将大幅提升。维持科技进步的公式很简单，用一个简单的问题就能说清楚：新的价值是否远大于新的风险？

既然最终能够获得价值，为什么人们还会一直惧怕科技呢？更何况事实不断证明，人们非常擅长运用新技术创造积极的影响。这种恐惧主要有两个方面的原因。

（1）人们用100%的标准来衡量新技术的准确性和可靠性，然而当前的情况距离这个目标还非常遥远。

人们用达到完美作为衡量新技术效率的标准，却不考虑它所带来的实际收益，以及在没有该技术的情况下本就存在的实际风险。例如，本书还将深入讨论自动驾驶汽车，关于自动驾驶汽车的各种争论主要在于，自动驾驶汽车做出的决定可能会造成伤亡。要完全杜绝这样的事故是不可能的。不过有一点可以肯定，自动驾驶汽车的安全驾驶概率整体上高于人类驾驶员。从保险的角度出发，人类驾驶员操控汽车比人工智能驾驶汽车的代价要高得多，因此自动驾驶汽车很可能会因为其经济影响迎来引爆点。

（2）人们用新技术已知的风险来判定未知的收益。

预见新技术（人们感受到与实际存在）的风险，要比预测它未来的收益容易得多。例如1997年，当通用汽车公司首次推出安吉星系统的时候，没人相信它能用于预防劫车事件。虽然安吉星并未公布其成功阻止偷车或劫车案例的数量，但根据2007—2008年该技术的使用情况估计，其成功阻止了5%~10%的类似事件，即保护了2 500~5 000辆汽车（其中不包括使用基本GPS定位的车辆）。其实，安吉星的设计初衷是满足早期对遥控解锁的需求，而这一技术的受欢迎程度对通用汽车公司来说也是意外之喜。

由于人们用完美的标准来衡量新技术，看到的未知风险要多于未知收益，所以在亲自体验之前很难估计新技术的积极影响。

显然，使用GPS会让人们失去部分隐私，但GPS对个人以及对整个社会的价值远远弥补了这方面的不足，这一点很难反驳。并不是说隐私无足轻重，而是需要更多谨慎的新手段来保护隐私，对此我们也会在本书中展开讨论。因为进步总是来自那些能创造积极影响的新技术。

本书的目的并非阻止科技进步，因为它就像海啸一样，你只能眼睁睁地看着它发生却无力阻止。其实人们最该担忧的并非科技，而是全球人口——2050年即将达到98亿。与此同时，世界上发展中国家的人口正在以每周100万人的速度向经济发达地区转移。过去20年就有10亿人加入了这一队伍，预计未来20年还将增加20亿人。人们需要面对的问题是："如何保障这些人的衣食住行，给予他们关爱和支持，同时为逐步壮大的全球经济提供发展动力？"

不过可以确定的是：仅通过提升当前的技术不足以支持未来的发展。一方面是因为当前的规模化生产、农业及交通的发展无法大幅提升，人们必需的服务同样无法实现大规模升级。根据世界经济论坛的数据，以当下社会培养医生并授予职业资格的速度，需要再花 300 年的时间才能弥合世界上医疗领域的供求缺口。

如果仍以工业时代的速度增长，来自全球大规模基础设施的压力最终将瓦解制造业、教育业和农业；而如果仍然按照现有商业模式推动行业发展，将无法遏制其瓦解之势。如果还想扩大当前的工业模式，增长的局限性很快将把各行各业和各个国家压垮。仅从人口的角度看，随着世界人口年龄金字塔结构逐渐向老龄化过渡，原本十分紧张的社会福利系统将承受更为巨大的压力。目前 25~29 岁的人口数量是 65~69 岁人口数量的两倍，两者在总人口中所占比例分别为 7.9% 和 3.1%。到 2050 年，这个比例将分别变为 6.8% 和 5.2%；到 2100 年将变为 6.1% 和 5.2%。换句话说，存在了 5 000 年之久的人口年龄金字塔结构正在土崩瓦解，取而代之的是每个年龄段的人口数量趋于相同的摩天大楼结构。[14] 因而支撑这一新型社会发展的意义深远。

事实上，我们需要加速剖析人类、机器以及生态圈中隐藏的微妙行为，更重要的是理解这些（数字和实体）行为之间的关系，它们正以超乎想象的速度发展。只有做到加速认知，再依靠人工智能等技术来发现隐藏行为的规律，人们才能更加明确未来的挑战和解决方案的复杂性。

因此，我们所说的揭秘隐藏的行为，是指所有事物的行为：人类、汽车、设备、企业、供应链、生态系统，这一切都将通过传感器连接至云端，传感器还会捕捉其背景及行为的细微差别。在如此海量的数据中，藏着人们用肉眼无法看到的线索，找到这些线索，深入细致地剖析世界及人类自身的行为，我们才能以全新的方式预测未来。

虽然听起来极富戏剧性，但这并非单一思维模式的简单转变，而是要换一种新的看待问题的方式。人们正走向我们眼中的多重思维世界，在这个世界中，我们需要用不同的方式来看待和解决各种挑战。当然，人们不能就此摒弃过去200年在工业化进程中学到的东西，而是要利用我们掌握的知识，以不威胁地球和人类生存的方式，持续改进现有的工业模式，从而满足上百亿受过良好教育、参与经济发展且具备生产力的人的发展需求。

描绘这一切变化导致的世界末日的情景是轻而易举的，可能还会让人们感到恐惧，并为好莱坞提供一个精彩的剧本素材。但那只是一孔之见。

2017年，美国太空探索技术公司（SpaceX）和特斯拉的创始人埃隆·马斯克曾在麻省理工学院的一次演讲中谈到对人工智能具有的毁灭性潜能的担忧，他说："研究人工智能犹如打开了潘多拉魔盒。"俄罗斯总统普京也曾预言，全球第一个掌握人工智能技术的领导人将是"世界的领导人"。

其实我们不难设想出各种场景，例如我们在前文讨论过的，连通性和透明度将大幅提升人们生活的价值，并创造出更多的附加值，人们很难想象如果没有这些价值该如何生存。

在本书第八章我们将讨论如何保护人们免受人工智能威胁的话题。然而，为了更全面地讨论人工智能，在这里我们要先快速地插入一个话题。

正如前文所述，每一次重大的科技进步都伴随着风险，并且风险要比其能带来的收益明显得多。例如，人们都深知核武器强大的杀伤力，空中蘑菇云的样子至今还烙印在人们的心中。但与此同时，核技术也在诸多方面造福了人类，如烟雾探测器、食品保鲜、能源、医疗、水脱盐处理、太空探索等。那些威胁人类生存的技术也在推动人类文明的进步。

由于人工智能存在超越人类智慧的潜能（或威胁，观点因人而异），人们对其感到恐惧也情有可原。不过，本书要提出另一种观点。在工业化模式的转型过程中，要想应对各种各样的挑战，必须推动人工智能技术的进步。随着对这些挑战以及人工智能影响力的讨论越来越深入，我们将具体分析其背后的成因。不过在此之前，我们将从更宏大的角度展开讨论。

与地球的寿命相比，人的一生极其短暂，因此人们渐渐接受了一种观点，即人类受到了某种保护或者具备免疫能力，不会遭遇灭顶之灾。然而，地球的历史会让我们看到相反的一面。

大约 7 万年（如果把地球 40 亿年的寿命看作 24 小时，这只是其中不到两毫秒的时间）前，人口数量下降到了几千人。[15]而据称 15 万年前，全球人口仅剩 600 人。[16] 在 120 万年前，地球上也出现过类似的人口数量骤减的情况。[17] 显然，人类克服了一定的艰难险阻才走到了今天。但这并不意味着我们已经战胜了流行病、小行星撞地球、地质灾害等自然风险，或气候变化、核武器等人为造成的风险，这种想法太过愚蠢。

因此，我们深信研究人工智能非常有必要，这样才能了解自然，以及人类越加复杂而相互关联的行为，仅凭人类自身的力量无法弄明白这些问题。

我们坚信人工智能将带给人们数不清的收益，这些收益将远远超过人们现在所害怕的影响。这些收益不单来自对我们个体行为的理解，还有对一个高度互联的世界更为复杂的行为的剖析。例如，人工智能将在下列领域推动人类进步：了解导致气候变化的因素，以及减缓甚至逆转气候变化的方法；研发预防流行病的疫苗；让上百亿人从发展中国家进入社会经济发达国家，并保障他们的衣食住行。人工智能还可能赋予人类成为星际物种的能力，为人们的长远生存未雨绸缪——著名物理学家史蒂芬·霍金（Stephen Hawking）曾预言，人类必须在 100年内完成该计划才能生存。

其实，多数人并不会因担忧流行病或小行星撞地球的风险而彻夜难眠。因此，我们的想象可以更"接地气"一些。

在研究星际生存这个问题之前，我们眼前还有更多亟待解决且同样重要的问题，如我们如何生活、经营企业、发展经济等。揭示隐藏的行为并使之为己所用，要从基础问题考虑，即从人们的生活、工作和娱乐开始考虑。

而要实现上述目标并利用现有且还在大量产生的数据财富，需要人们在思维方式上做出极大的改变，要用新的眼光来看待身边的问题和挑战，从而更好地预测自身行为的结果。

预测未来一直是最受青睐的消磨时光的方式，只是人们似乎从来都不擅长此事。但这一点正在改变，一方面是因为现在有技术和数据的支持，另一方面是由于人们开始用新的思维方式来思考解决问题的途径。这正是本书接下来要讨论的话题。

第二章

预言机器：为何不能沿用老办法解决新问题

"意识的作用在于给予众生未来的'知识'。"

——弗兰克·奈特（Frank Knight），
20世纪早期经济学家，芝加哥学派创始人

1993 年，AT&T（美国电话电报公司）拍了一个广为流传的大众传媒广告"你的未来"，这是一个由电视和印刷广告构成的系列商业广告，旨在描绘遥远的未来。广告画面有车载GPS、触摸屏、平板电脑、电子病历、电子书籍、网络会议、点播视频，并伴随着演员汤姆·赛立克（Tom Selleck）充满磁性的声音："你有没有试过不带地图，走遍美国？这是属于你的未来，而谁能带给你这样的未来？ AT&T。"这是一个非常有远见的广告。实际上，今天当我们再回过头来看这个广告时，会感觉 AT&T 似乎拥有一个可以透视未来的水晶球。

尽管 AT&T 几乎分毫不差地预见了未来的技术，但它未能把其中任何一项带入人们的生活。AT&T 虽然特别擅长预测这些技术最终的用武之地，但在预测未来方面的表现却差得一塌糊涂，尤其不懂得把握时机并让未来为己所用。这怎么可能呢？能够预测技术的未来，不就等同于能够预测未来吗？其实不然，因为其中有一项是难以预测的：行为方式并非一成不变。

我们选择 AT&T 这个例子并没有特殊的原因，仅仅是因为它能够精准地描绘出技术的未来。通过 AT&T 的例子可以看出，预测技术的未来轻而易举。然而要等上 20 年，才会有实际的行为支持这些技术的广泛应用。

人们很容易就把这种割裂归咎于技术，认为当时的技术发展水平还不够成熟。但如果 AT&T 或其他公司曾尝试把类似"你的未来"广告中的技术推向市场，那些技术就会和苹果公司的牛顿掌上电脑（Newton PDA）经历同样的命运，这款电脑堪称世界上第一款掌上电脑，无巧不成书，它同样诞生于1993 年，但最终难逃夭折的厄运。

问题在于，虽然技术是实实在在可见的，也是确定无疑且可预测的，但在行为的背后隐藏了太多神秘且多变的影响因素。你可以预测技术的进步，因为变量是已知的。实际上，过去50 多年的技术发展轨迹并没有那么难以预测，因为它们几乎完全遵循摩尔定律（Moore's Law），无论在哪个时期，摩尔定律对功率、存储能力以及计算成本等的预测都准确得惊人。[1]

如一些科学家所称，倘若某天摩尔定律突然到了物理极限，人类无法再在硅片上集成更多的纳米级晶体管，无法在 U 盘上存储更多的指令，世界将会变成什么样？计算机的发展会不会进入停滞期？我们，也可以说人类文明，面对日益复杂的社会、经济和生态问题，是否会走向自身能力的极限？其中哪一项与你的行为有关？我们如何收集并利用这些行为？

本书的写作初衷是，我们相信，无论计算机硬件的发展速度如何，人类在利用计算机应对当今及未来挑战的过程中，想要实现下一次量子跃迁，关键在于开发计算机认识和揭示行为的能力。但直到现在，人们还未获得足够的数据来认识行为，即便有了数据，在技术层面我们也尚未达到认识行为的水平。

正在逐渐显露的隐藏力量并非技术，而是自然系统和人造系统极度复杂的行为，正是这些行为构成了人类世界。我们对人类、设备及系统的各种行为的了解越深，就越能预测这些行为未来将如何演变和表现。

你的数字自我

这些行为的数字形态即我们所称的数字自我（对设备而言，则是一个数字孪生体），代表了人或物的数据点集合，可以从这些数据点中总结出人或物当前的行为模式，还能预测未来的行为。但我们要重申，如开篇所述：这并不是众所周知的大数据。大数据是利用与庞大的系统、市场、工厂或经济体的行为相关的海量数据集合，而我们所探讨的其实更接近马丁·林斯特龙（Martin Lindström）所称的"小数据"（Small Data）。

> 看似微不足道的行为观察，包含了非常具体的属性，指向尚未满足的客户需求。那些开创性的构思或彻底转变品牌的全新方式，其基础都是小数据。[2]

林斯特龙指出了正确的方向，而我们还想更深入地探索，看看数据如何做到超个性化：不仅发现尚未满足的需求，还能发现未知的需求。

在我们看来，数字自我具备与自身展开智能协作与对话的能力，这与单纯把数据当作分析和推测行为的工具不同，它变成了人们商业活动和生活中积极的合作伙伴。这些数据的价值在于它们能够帮助人们认识行为，并基于这种认识规划未来，而当今所谓的数据分析（大数据或小数据）仅开发了这种价值的 10% 都不到。

正如冰山露在水面上的往往只是尖尖一角，接下来，我们不妨用经典的冰山理论来做个类比。为了便于理解，我们假设眼前是成千上万座紧密相连的冰山，假设你是船长，你的船恰好位于这一片冰山群的中心。为了增加一点风险因素，我们假设船正在全速前进，但此时引擎发生了故障，冰山群也正在向你步步逼近。倘若你对水位线以下的世界一无所知，就不可能安全驶离冰山区。地球上所有有关水面以上的冰山一角仅占冰山总体积的 10% 的数据，对于你认识冰山其余的 90% 毫无帮助，在这种情况下，揭示出隐藏部分的数据并非可选项，而是生死攸关的必选项。

因此，你的数字自我才如此重要，它揭示了你另外 90% 的信息，只有这样你才能知道自己要去往何处、采取什么行动，以及要做怎样的决定。不过，这也同样适用于设备、物体和自然现象，它们要么依赖于数字技术（智能手机或供应链），要么需要通过传感器建立数字连接（天气情况或你的生理机能）。

人们很难把物体和系统想象成拥有行为的数字自我，因为我们不太习惯这么做。

不错，这听起来非常像黑暗科幻小说中的情节——人类被控制欲极强的霸王所统治，但小说中的情节与我们探讨的未来大相径庭。我们的观点是，原有的事物运作模式已无法预测现有力量对未来的作用，我们正处在新旧交替的、里程碑式的时刻，这也是不可多得的历史性时刻。

文化再现

我们以前也曾面临同样的境遇，人类遇到的问题超出了自身的能力范围。过去，面对日益复杂的问题，人们只需稍微调整一下解决方式就能够战胜挑战，并在此基础上更好地预测未来的发展，这样的先例不胜枚举。我们称之为"文化再现"（a cultural deja vu），因为这与那些获得新知的时刻有诸多相似之处，我们曾经历过很多次。但不知为何人类似乎集体失忆，总也认识不到曾经的经历带来的改变是何等深刻。

16 世纪出现了一场思想革命，但直到几百年后这场革命及其拥护者才得到认可。哥白尼引入了他的太阳系日心说模型，与之相对的是托勒密的地心说模型，哥白尼绝非第一个提出太阳系的中心是太阳而非地球的人，但印刷术的发明使他的作品得到了广泛的传播。然而 200 年来，人们对日心说争论不休，许多人愿意相信日心说和地心说可以共存，只是两者描绘的是两个极端，以此维持过去的模式。最终日心说更胜一筹，因为它能精确地预测行星未来的位置，这是地心说模型做不到的。

20 世纪初，当牛顿物理学发展到极限的时候，又出现了一次类似的科学革命——爱因斯坦的相对论开始登场。爱因斯坦并未遭遇如哥白尼那样大的阻力，而事实上他的宇宙运行模型思想更为激进，他提出了无数奇怪的量子亚原子现象（quantum subatomic phenomena）、时间膨胀（time dilation）效应，甚至还有黑洞理论。爱因斯坦的物理模型同样获得了认可，因为它让人们能更好地解释和预测物理世界的行为。

1937 年，艾奥瓦州立大学一位名不见经传的物理学教授约翰·文森特·阿塔纳索夫（John Vincent Atanasoff）发明了第一台数字计算机，再一次将文明推向下一个知识轨道。[3] 这些早期的计算机［比如 Eniac（电子数字积分计算机）和 Univac（通用自动计算机）］的建立基础都是阿塔纳索夫的数字建筑模型，建造它们最初的目的就是预测未来，例如预测一场选举的结果或一颗弹道导弹的轨迹。

每一次这样的突破，都会颠覆人类思考和看待世界运行的方式，使人们更加清楚地认识到这些原本看不见的力量所操纵的行为，并看到更远的未来。可以这么说，它们就是曾经的预言机器。

也许你会想："没错，但它们跟我有什么关系？"你想过没有，如果不是哥白尼、爱因斯坦和阿塔纳索夫，我们就不可能开发出 GPS 这样广泛应用的技术。行星的运行、时间膨胀、数字技术对卫星的运行都有至关重要的作用。因此说到 GPS，你不仅要感谢罗杰·伊斯顿和罗纳尔德·里根，还要感谢哥白尼、爱因斯坦以及阿塔纳索夫。

实际上，如果不是因为对世界运行背后的隐藏力量有了认识上的突破，AT&T 的广告片"你的未来"中展示的任何一项技术都不可能开发成功。

最重要的是，这些重大突破让我们认识到事情的起因，从而更加确信自己对其行为的理解和认识，这样我们才能够更准确地预测未来。可以说，对未来的清晰认识是所有重大技术变革背后的驱动力。人们渴望可预测性，我们的社会、经济、政府和商业的繁荣都有赖于此，我们离那个目标越近，世界就会越可靠、越充满确定性，人类才能越发繁荣。

奇怪的是，取得这样的进步，往往是因为人类已有的模式、概念和工具已无法理解复杂的世界，以往一直认可和习惯的方式在建设未来的过程中也显得力不从心。

同样，我们相信工业时代的模式即将终结，虽然此前这种模式一直十分奏效。面对未来可能出现的挑战，要想实现下一次量子跃迁，人类需要一个截然不同的框架。在这个新的框架里，我们对个人、商业、组织、社会体制、政府，甚至生态系统运行的理解都将有很大不同。只有这样，我们才能更好地预测这些行为将如何塑造未来。

那么，在今天这种背景下，要做到这一点，人们要突破的诸如牛顿或爱因斯坦式难题的障碍是什么呢？[4] 我们认为，根本在于，要从解决工程系统的问题转向解决新兴系统带来的问题。人们的数字自我、揭示隐藏力量的能力、行为商业，以及本书中涉及的所有话题均代表了新兴系统。因此我们首先必须探讨一下这些新兴系统是如何运作的，它们与工程系统为何差别那么大？

别被"新兴系统"这个短语的字面意思吓到了，虽然它看似跟相对论一样难懂，但其实一点也不难以理解。不过其影响却丝毫不输相对论。

钟与云

近一个世纪以来，物理学家教会我们，如果把时钟扔到墙上砸碎，再把所有的碎片都捡起来，就能通过还原工程的方法弄清楚时钟的工作原理。因为时钟的工程学原理就是这样，是一个智能化的，遵循已知的、清晰易懂的机械和物理原理而设计的。这招对工程系统确实很管用，但对很多非工程系统可能就完全行不通了，如生态系统（自然系统或人造系统）、经济体系、市场体系、气候系统等，这些系统都在隐藏力量的驱动下表现出了很多行为。我们把这样的系统称为新兴系统，它们瞬息万变，难以预测。即便能预测它们在某一种特定情形下的运作方式，也不意味着你能理解它们未来会如何表现。[5]

工程系统遵从能够被人们理解的、可见的规则；而新兴系统的表现取决于潜在的力量，这些力量经常是未知的、不可见的。换言之，工程系统是可预测的、概率性的；而新兴系统则是不可预测的、不确定的。

50 年前，卡尔·波普尔——20 世纪最著名的哲学家之一，把所有复杂的问题归为钟类（工程类）和云类（新兴类）两种，他用这样的类比，简明扼要地揭示出工程系统和新兴系统之间的差异。

尽管波普尔的这个想法很简单，却可以帮助我们重新认识当下的挑战。

可拆解的钟类问题

跟摔坏的时钟一样，电脑的硬件、软件构成十分复杂，但还是可以拆解成不同的部件，通过重新组装和调试来理解其工作原理。这就是传统程序员一天到晚在做的事情。

波普尔注意到在钟类体系中，各个部分及其相互间的互动行为是"有规律、有秩序且完全可以预测的"，这就是所谓简化论思维最典型的例子，也是解决即便最复杂的钟类问题的理想方法。从伟大的吉萨金字塔群到迪拜哈利法塔，这就是数千年来人们解决问题、寻找答案的方式。

1966 年，卡尔·波普尔的书《钟与云》（*Of Clocks and Clouds*）出版，而恰巧在几年后就出现了一个针对解决复杂钟类问题的最为经典的案例：两名宇航员驾驶阿波罗 11 号登上月球，之后又安全返回地球。要成功完成这种不可能完成的任务，需要解决的难题之多，多到让人无法想象。

然而这个复杂系统被拆解成了单个的构件，由 40 多万名工程师和技术人员设计、制造每一个类似时钟的独立的部件，这些独立的部件又被组装成更复杂的子系统，最终每一个子系统成功实现彼此关联，整合成一个完整的系统，把人类带上了月球。

直至今日，登月计划仍是一个关于雄心壮志、坚持和天才的精彩故事，但这个故事还有鲜为人知的一面，只是大家觉得理所当然罢了。登月返航的目的并非仅为建造能够脱离地心引力进入外太空的伟大交通工具，而且是为了创造出高度可预测的模型，为这些交通工具规划准确的行驶路线。阿波罗 11 号的飞行员驾驶的太空飞船行驶速度是 3 400 千米 / 小时，这样才能与以 3 700 千米 / 小时的速度运行的月球相遇。设想一下，两个物体相距 25 万英里[①]，以四倍于 0.38 口径子弹的速度飞行，最终胜利会师。

尽管现在看起来，这好像不算什么。但在当时，能够精确

---

① 1 英里 ≈1.61 公里。

地预测位置、速度、加速度和其中的无数变量，以及许许多多的飞行动作，可以说是非常了不起的成就，尤其是凭借一台仅有 64KB 内存、运行速度为 0.043MHz 的电脑 —— 如今 iPhone 6 手机的内存是那台电脑的 1.2 亿倍，运行速度则是 32 600 倍。[6]

　　就是用这样一台不起眼的，或许还比不上一台微波炉配置的电脑，以及无数的计算尺，人类解决了世界上最复杂的钟类问题。

　　人们沿用同样的方法，使用配置逐渐提高的电脑，不断尝试和解决了各种问题，就这样一直走到了今天。但这个老办法对云类问题却束手无策，因为这是完全不一样的问题。

无解的云类问题

　　利用简化论思维处理钟类问题的"拆解法"屡试不爽。虽然你也可以照搬这个方法来拆解云类问题，但是最终得到的只是单个水分子，对你理解"云"这样的新兴系统展现出的幻化万千的行为毫无帮助。

　　就物理学的云来说，水分子相互牵制，往往是瞬息万变，但总是合力为之，这样的描述不算离谱。飘浮在我们头顶上的云是由彼此分离、临时结合的组成部分构成，它们彼此间若即若离，任何坐飞机穿过轻柔的积云的人都可以证明，云间填充的气流既快又不可预测，它们的最终形态积雨云是自然界中最强大、最具破坏力的一种力量，可以形成大暴雨。

小小的水滴本身几乎没有任何破坏力，但当它们结合起来时可以形成自然界中最可怕的现象，尤其是在快速聚合的时候。

这些看似微小、不起眼的粒子用出人意料的方式聚合在一起，造成了新兴系统典型的不确定性。我们能看见系统的各个部分，却不能理解整个系统的行为。新兴系统还有更深层的、隐藏的行为。[7]

想要理解新兴系统不能单凭认识每个独立的部件来实现，只能把它们当作整体来研究。要了解一片单独的云，需要了解其他云的表现方式。不仅如此，还要认识到无数同样复杂的交互影响，如温度、大气压、风、阳光，甚至它们形成的地区等。此外，还有一些影响云的变量是我们无法彻底了解的，云的行为在本质上就是不规则的、无序的、高度不可预测的。

另外，你有没有注意到，我们在描述云的时候，认为它是有行为的？对一片显然没有智力可言的云来说，这似乎是一种很奇怪的属性，但我们在描述这种没有生物大脑的物体、系统和事物时，倾向于认为它们也拥有特定的行为方式。

我们通常会用"行为"这个词来描述事情是如何发生的，哪怕我们还未了解其成因。我们对云的行为的认识要比对它们为何有这样的行为的认识深刻得多。如果能真正了解云，就像对钟那样了如指掌，人们就无须对比各种天气预报了，因为所有天气预报都会提供同样精确的预测，结果确定无疑。

新兴系统的出现没有确定无疑一说，随之而来的是未知的以及不可知的变量，让我们措手不及。换言之，新兴系统行为背后的原则只有经历过才能理解（不过我们会在第四章中看到，面对新兴系统还有另一种选择，可以应对固有的高度不确定性）。人们经常在看到新兴系统的已知规则子集时就妄下结论，误以为整个系统都是工程性的。一个简单的例子就是对比各种棋牌游戏：井字游戏、国际跳棋、国际象棋以及围棋（见图 2.1）。

井字游戏是一个十分简单的钟类问题，只需几个半导体就可以布好一个基本的回路，不用电脑就能创造出一个自动化的对手，其水平不亚于任何一个人类对手。我们中年长的那一位在 16 岁时玩过井字游戏，那时候个人电脑尚未诞生，规则很清晰，只有有限的几步。实际上，只有 255 168 种可能的游戏变化。

国际跳棋可能更复杂一些，总共有 5×10^{20} 种可能的变化——因此让这样一个钟类游戏显得十分有趣——但归根结底还是一个钟类游戏，因为它的步数也是有限的，每一步都遵循某种简单的电脑编程规则集。[8]

国际象棋既有趣又变化万千。从数学的角度来说，其可以算出的变化多达 10^{120} 种，比宇宙中已知的原子数量还要多。换言之，这种游戏的变化可以说是无穷的，因为我们的电脑内存无法容纳所有的变化（至少从我们目前掌握的技术来看无法做到）。突然我们有了一个仅依靠机械的方法无法彻底解决的问题，但最终它还是变成了一个新兴问题，因为我们无法用公式推算出所有可能的结果。

这种时候你可能会想："等一下，目前有一台电脑已经战胜了最优秀的人类玩家。"是的，1997年，IBM（国际商业机器公司）的深蓝（Deep Blue）——一台分析国际象棋的超级电脑——打败了世界顶级象棋玩家加里·卡斯帕罗夫（Garry Kasparov），但即使在深蓝的创造者（IBM的工作人员）看来，深蓝解决的还是钟类问题，它只是比普通的电脑快了很多。卡斯帕罗夫每秒可以推算三步棋，而深蓝每秒可以算两亿步，这是一个典型的利用远超过人类的暴力算法（brute force）完胜人类对手的例子。这就是我们所说的，通过机械化的方法可以部分解决新兴问题。然而，此时电脑超越人类对手的程度还是微不足道，深蓝虽然赢了，但只是险胜，仅以3比2战胜了卡斯帕罗夫（六场比赛中有一场是平局），这说明人类本身具备独特的能力，能够在无须暴力算法的情况下解决新兴问题。这就是我们所说的直觉，我们认为这是人类独有的特质。

自1937年阿塔纳索夫发明第一台数字计算机以来，计算机的发展重点就变为提高速度、带宽和存储能力。其发展理念是，只要你拥有足够多的算法，就能用暴力算法解决问题。但如果涉及新兴系统，问题就无法解决了，因为范围太大了。

以围棋为例，虽然乍看上去是一个非常简单的游戏，只有黑白两种棋子，但人们都认为围棋是所有棋牌游戏中最复杂、难度最大的，一定程度上需要人类特有的直觉和创造力。围棋不是一个有解的游戏，要在19×19的方形棋盘上呈现所有可

能的游戏变化近乎不可能。保守估计，围棋的变化数量可以达
到 10^{170}（在可观测的宇宙中，只有 10^{80} 个原子）。[9] 还有人估计，
这个数量可能高达 10^{800}（假设每一步棋都合理，而非随意出
棋）。[10] 如果后者成立的话，那么游戏的变化数量可以达到 10^{100}，
即 10 的古戈尔次方（googolplex）。所以，你可以说围棋相较
于同类有规则的棋牌游戏，堪称最接近新兴系统的棋牌游戏。
但在 2016 年 3 月 15 日，全世界最好的围棋选手李世石（Lee
Sodol）却以四局三负的成绩，败给了谷歌 DeepMind（深度思考）
推出的人工智能围棋手 AlphaGo（阿尔法围棋）。

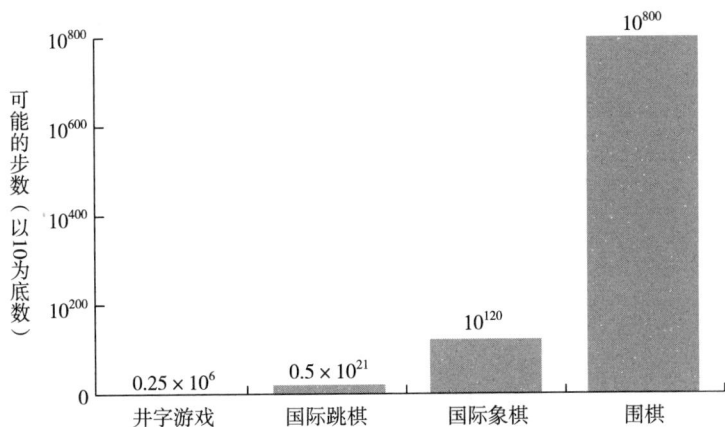

图 2.1　四种棋牌游戏可能的合理步数

图 2.1 说明：从简单的井字游戏到围棋，可能的步数（以 10 为底数）有了显著
的增加。由于插图采用了对数标尺，所以没有切实体现出这种变化的实际量级。
例如，如果严格按照比例尺来画这张图表，假设国际跳棋的柱高为 1 毫米，那
么围棋的高度就是 10^{34} 千米，远远超出了可视化宇宙的界限。

所以，到底是什么让 AlphaGo 在处理新兴问题方面能够领先深蓝这么多？

首先，AlphaGo 拥有强大的计算能力：1 920 个标准处理器和 280 个加强版处理器，我们称之为 GPU（图形处理器）。这是专为要求极高的游戏任务定制的。但 AlphaGo 真正的实力并不在于每秒千百万条指令或几兆的内存，而是它能够通过众所周知的深度学习（Deep Learning）形成某种直觉。简单来说就是，深度学习可以从千百万种围棋游戏中归纳出各种规律，并在此基础上决定走哪一步最好。[11]

在 AlphaGo 的例子中，开发人员在这台人工智能设备中输入了千百万种可能的围棋着数，包括所有他们在网上能找到的两人对弈的棋局。为了进一步强化这种深度学习，AlphaGo 自己跟自己下棋——一遍又一遍，下了千百万遍。

如果对人工智能的工作原理有一定的了解，就会更容易理解后面的论述。

在 AlphaGo 身上其实有两套独立的算法，共同决定下一步棋该如何走。第一种是"策略网络"（policy network），它的作用是基于之前经历过的所有对弈，根据具体情况推断出走哪步棋最好。AlphaGo 随后转向第二种算法，称为"估值网络"（value network），计算出每一步棋可能的成功概率。这两种算法共同构成了一套动态变化的规则，让 AlphaGo 能遵循这个规则下棋。

我们做个类比，假设你正在做一个艰难的决定，你要做的第一件事可能就是先想出最好的一些选项，一旦你有了这些选项，下一步很可能就是找到最有可能成功的那个选项。在你面对新兴系统时，这种从经验中学习的能力是必备的，因为它让挑战和挑战者（或物）之间能够开展对话。

最后，记住这一点，AlphaGo 不是由程序员训练出来的，而是它自己训练自己。对此，我们将在后续章节继续讨论。在探讨人工智能如何改变我们对计算的看法时，这是最重要也是人们了解得最少的一个方面。但就目前来看，可以说就连探索 AlphaGo 或任何其他人工智能工作原理的人，或许都未必理解它们做出某个决定或做出某种行为的原因。

人工智能不同于那些由人来编程的计算机，它可以一边给自己编程，一边学习——完全不同于人类的学习方式。没有人会正儿八经地教你走路，即使他们真的这么做了，估计你也听不懂他们在说什么，因为我们大多数人都是先学会走路后学会说话。我们会在第四章讨论自动驾驶汽车时继续探讨这些话题，但现在我们暂且接受这样一个现实：通过任何预先设定的规则是无法完全理解或预测新兴系统的。

新兴也不是一个仅限于物理或机械装置的概念，它同样也是经济学的重要组成部分。1914 年，经济学家、芝加哥经济学派创始人弗兰克·奈特在其康奈尔大学博士论文中提到了固有不确定性的作用，他的著作《风险、不确定性和利润》（*Risk,*

Uncertainty and Profit）也是基于这篇论文展开的。

奈特的经济学研究方法不算正统，但他的前提非常简单：不确定性是对未来缺乏了解的表现。奈特构建了一个复杂的矩阵，来描述生活中多种多样的不确定性，他甚至还进一步声明"意识的作用在于给予众生未来的'知识'"。

奈特式的经济学认为即使有再多的信息，也无法增加对某一事件的确定性。这可能是奈特工作成果中最反直觉的部分。

毕竟，如果某新兴系统的不确定性是因为对未来缺少了解，那么在拥有了一定的信息之后，这种情形不应该有所改善吗？在奈特描述的情境中，这种了解只能通过亲身经历获得，而不能提前获取。实际上，对这些情形了解的信息越多，越容易导致决策延迟、错失良机。结合实际思考一下，面对不确定性时，你的第一反应往往是先缓缓，厘清整个事件，然而在这种情况下，恰恰需要你马上行动起来，随机应变，这就是人们所说的"不确定性原理"（Uncertainty Principle），随着不确定性的增加，反应的时间会越来越少。[12]

我们身边到处都是这种新兴系统带来的不确定性——天气、股票市场、经济体系、市场体系、政治运动、生物圈、交通情况、人类行为、某些疾病——这一切都带有一定的不确定性，人们不可能完全理解。

计算机配置再高，连通性再好，也不能解决云类问题所带来的挑战，只能在问题的表面取得初步进展，但在使用暴力算法获得进展方面，人们正在接近极限。

这就是物理的极限。不仅摩尔定律有上限，而且如果我们继续以当前的加速度存储数据，很快就会碰到一些相当可笑的场景。预计世界数据中心（所有云数据的存储地）每年消耗的能源比英国全年消耗的能源高出 25%，其碳足迹堪比整个航天工业。仅就日本而言，如果该国的数据中心继续保持现有的增长速度，到 2030 年就会耗尽整个国家的能源输出。[13]

然而，更让人吃惊的是另一个现实：如果我们继续以现在的轨迹发展，马上就会面临空间不足以存储所有数据的窘境。到 2020 年，预计世界每年会产生 44 泽字节（Zettabytes，44后面有 21 个零）的数据[14]，到 2025 年，这个数据将陡增至180 泽字节。这意味着我们的数据年产出量每两年就会翻一番，而且还将继续加速。按照这种速度，到 2220 年，哪怕是把太阳系中每一个原子都用来存储数据，我们也会突破极限。

我们实在不能再继续这样用有限的解题规则，把所有问题都当作工程系统的问题来解决了。这并非要摒弃以前用于解决钟类问题的方式，因为钟类问题不会消失，我们还会看到比以往更多的类似问题。但这确实意味着，人类需要认识到技术问题之间的差异，钟类问题的解决依靠的是线性、简化论推理的方法，而新兴问题则需要依靠行为学来解决。

关于新兴系统的这些讨论，听起来可能有些愚蠢，甚至让人费解，但它直接指出了人类为何需要借助人工智能开拓未来。

人类正处在文明的分水岭，要么选择工业时代的建造工具继续得过且过；要么添置一套新的工具，以便在面对未来的挑战时更加得心应手。这些新的工具既可以帮助我们运作商业，也有助于重塑我们的社会。

本书中所探讨的话题——自动驾驶汽车的发展、无摩擦力数字生态圈的出现、超个性化以及忠诚品牌的价值——都源于人们解决问题方式上的根本转变，从单纯地应对水面上显而易见的部分问题，到探索隐藏于水下的更复杂、更有趣的部分。要揭示我们每个人独有的个体行为，隐藏的那部分才是最有意思的。真正的大幕正是从这里拉开的。

第三章

大胆曝光：人们如何爱上公开隐私

"假如你把秘密告诉了风，就别怪风把它告诉整片森林。"

——哈利勒·纪伯伦（Kahlil Gibran）

讨论捕捉和预测行为自然绕不开道德和隐私的问题。上文提到，本书无意描绘人们谈论未来时常会想象的世界末日，但也不应该完全无视那些想象的场景，那未免太过幼稚。说到颠覆性变革，很容易只从支持者的角度出发，讨论它能带来的好处，而无视那些质疑改变和进步的声音，但这就犹如画一条清晰的分界线，把未来与过去彻底分离开来。

事实上，时间已经证明，只有符合人们"个人利益"的改变才受欢迎。人们使用智能手机绝不是为了保障苹果和三星的合理利润，而是为了满足我们自身对通信、生产、效率以及娱乐等方面的需求。换句话说，人人都能坐享科技成功带来的好处。新技术的创造和提供者与其使用者所获得的经济利益是否常常存在不平衡？当然是。但这种不平衡是双向的，未来并不会偏袒任何一方。

例如，为了建立如今已家喻户晓的互联网，众多公司曾进行了巨额投资，但其中有些沦为了这一浪潮中的牺牲品。据估计，2001 年互联网泡沫破灭时，近 5 000 家公司关门、破产或以极低的市值被收购。

直到 17 年后，人们才开始认识到互联网公司的前景。因此，首批加入互联网浪潮的公司，并非全都从中获利，只有极少数的公司坚持下来了，能赢利至今的更是屈指可数。

虽然通过现有的及将来的技术，透明度能够大幅提升，但是也会给人们的隐私造成极大威胁，其威胁程度甚于任何事物，同时我们要知道，透明度也能创造价值。

可接受的未来

我们不是要无视透明度和隐私带来的挑战和恐惧（很大程度上被认为是合理的），而是要直面它们，勇于迎战。只有这样才能战胜这些挑战和恐惧，创造出能被人们接受的未来。

我们将从隐私面临的最明显的挑战入手，分析每一个挑战如何妨碍行为数据的收集和使用。本书后续章节还将探讨针对这些挑战的应对方法。

让人们放弃隐私的途径不止一种。在本书中，我们列举了一些合法的途径。当然，还有无数种非法侵犯隐私的情况，但也有相应的索偿手段（在第四章中，我们也会探讨如何才能预防和控制非法侵犯隐私的行为）。本章将列举四种为了换取个人或社会利益而放弃隐私的情况。

因法律规定而失去隐私

在法律上，若有法院命令或有正当理由，我们可以被进行合法搜查与扣押，类似的法律规定可能会剥夺个人隐私。执法人员可以申请法院命令或搜查令，获取存储在本地或云端的私人数据。需要注意的是，虽然美国宪法第四修正案规定，禁止对私人住宅内的财产进行非法搜查和扣押，但与第三方共享的信息，或有正当理由进行犯罪调查时发现的信息则不受该条款的保护。例如，在执法过程中，只要有法院传票（无须法院法官或公正审判）就可以获得私人通话记录和水电气使用数据，甚至还可以获得储存在云端的电子邮件信息。因为一旦你开始与第三方分享此类信息，即被视为已经放弃了隐私权。

在美国，对于存储在第三方服务器（谷歌、微软、雅虎等）上的邮件等隐私信息一直存在争议。目前，只需一张法院传票（无须司法监督），执法部门或政府就能获取六个月前的邮件。仅 2016 年一年，谷歌就收到 31 000 次这样的要求。并且，政府无须告知邮件所有者其邮件信息已被审查过。

就在本书出版之际，美国众议院全票通过相关法案，禁止在没有法院搜查令的情况下审查邮件，但法案最终未通过参议院投票。[1]

而针对正当理由，情况更为复杂。执法者在履行职责展开调查、阻止违法犯罪活动时，有权获取"一目了然"的证据或违禁品。但就数字证据而言，该如何定义"一目了然"呢？稍后我们将再次回到这个话题。

因公共安全而失去隐私

人们也会因为公共安全而失去隐私。我们早已习惯机场安检的身份验证、全身扫描、搜查或搜身检查。出席体育赛事或娱乐活动，以及进入某些公共场所时也会遇到许多类似的情况。但并非一开始就是如此。在绑架事件和恐怖主义出现之前，泄露隐私是不可容忍的，因为公共安全并未受到任何威胁，人们普遍认为享有隐私理所当然。然而这两点都已发生转变，法庭与这种转变有直接关系，本章后续部分将对此具体介绍。需要注意的是，美国宪法第四修正案适用的是政府搜查而非私人行为。同时，如何定义合理范围内的"失去隐私"，将取决于人们对于隐私的期待，以及对"因公共利益而失去隐私"的接受程度。我们暂且保留这个想法，后文将继续展开讨论。

用隐私交换价值

有时，人们会为了换取某种价值而放弃隐私。我们都会遇到这种情况。共享社会安全号码或身份识别信息会导致你失去隐私。为了获得驾照、使用信用卡或满足其他需求，人们会求职、申请信用卡或申请学校。通常，交换信息的价值显而易见。然而，在许多情况下，很多相同的信息也会被收集并另作他用。

例如，许多网站会根据你回答的问题，包括健康状况、生活方式和习惯偏好等，推荐与你"真实年龄"相关的内容。你的"真实年龄"就是一个计算机算法，是基于你的生活习惯和健康状况推断出的年龄，可能与你的实际年龄不符。我们用一个名叫 Sharecare（共享关怀）的类似网站做了试验。

虽然刚开始这个网站收集的信息内容都比较中立，但很快就开始问到非处方药、医师处方、确诊健康状况以及每周性行为的次数等十分隐私的问题。对这些连医生都不会问的问题，人们却自愿给出答案以便估算出自己的"真实年龄"。

该网站有相应的隐私政策，节选如下：

> Sharecare 可使用您的健康状况信息为您提供特定的服务。Sharecare 可能共享个人健康数据信息以提供更好的客户体验并改善我们的服务质量。例如，Sharecare 服务能帮助您获取来自广告商及其他第三方平台的信息，但基于此目的与第三方共享的个人健康状况信息不会用于确认个人身份。

参加测试的共有 4 200 万人，共产生超过 50 亿个数据点。[2]

为获取便利而放弃隐私

人们在日常生活中有时也可能会为了多获取一点点的便利，而泄露个人日常活动的线索，从而无意中暴露了个人隐私。例如，用于快速通过收费站的无线电频率发射器、浏览器和搜索历史、存储在云端的电子邮件和文件，甚至用于追踪人们购买行为的积分卡等。虽然个人每次从这样的交换中获益甚微，但是把这些个人交易累计起来，对受益方而言价值可观。

在多数情况下，这样的交换仅仅是为了减少交易中的摩擦力。举个简单的例子，回想一下第一章提到的脸书 Connect 项目，这个平台的便利之处在于它能记录使用其他多个应用程序的身份识别信息，如用户名和密码。这样就减少了用户体验过程中整体的摩擦力。

在上述用隐私换取价值或便利的例子中，使用具备行为追踪功能的应用程序时，人们因接受相关"条款和条件"而放弃了某些隐私信息。然而，这其实是一种不对等的关系。个人用户没有机会来阅读、理解并随时跟进智能手机里各个软件附带的"条款和条件"。挪威的一个消费者保护组织做了一件事——阅读普通用户智能手机里 33 个应用程序附带的"条款和条件"。且不说理解与否，仅阅读完全部内容就需要 31 小时 49 分钟 11 秒。[3] 时间长到足以读完托尔斯泰的《战争与和平》，余下的时间还能读读纳撒尼尔·霍桑的《红字》。[4]

以上例子体现出在大众心中，个人或社会层面能够接受的隐私曝光程度。或许你并不完全认同这样的观点，但这就是当今法律和社会对于隐私的界定准则。

然而，如果人们能够接受隐私交换，各种情况就很难说得清了。

窥探的眼睛

29 岁的玛塞拉·赖利（Marcella Riley）是一位年轻、有理想的喜剧演员，为了能够进入表演行业刚搬到洛杉矶。与当时其他尚未成名的年轻演员一样，她满怀梦想却囊中羞涩。于是她决定在自己付得起房租之前，先去朋友和熟人家当"沙发客"。[5]

她有一个名叫康纳（Conner）的朋友，是她在苹果门店工作时的同事。康纳很热情地欢迎玛塞拉去他家当沙发客，并表示她想住多久就可以住多久。然而好景不长。搬到康纳家一个月后，玛塞拉在沙发对面的书架上发现了一个非常小的电子监控摄像头。她质问康纳这是怎么回事，康纳称摄像头已经装了一年了，而且根本没用过。但玛塞拉发现摄像头其实是在她搬进来后才买的，她自以为的私人空间其实一直处在监控之下。于是她去当地警察局报了案，但警方表示他们也无能为力，因为摄像头装在客厅，她本就不该指望在这里拥有隐私。

在家里录制视频并不是非法行为，而且只要摄像头没有安装在浴室、卧室等公认的隐私区域，就无须告知家里的来客。（鉴于目前有 11 个州要求合法录制音频须征得双方同意，所以此处暂不讨论音频。）不过，恐怕换作任何人都不会认为，玛塞拉的经历是能够接受的放弃隐私的情况。

在玛塞拉的例子中，虽然康纳录制视频没有触犯法律，但确实构成了对她个人隐私的侵犯。这既对公共利益没有任何贡献，也没有让玛塞拉因放弃隐私而获得任何价值，因为她并非用录制视频来换取使用沙发的机会，她显然没有答应别人可以研究或观察她的行为。

玛塞拉的经历绝不算个例。如今摄像头无处不在，法院甚至试图重新启用已经过时的法律来加强对隐私权的保护。然而，科技的发展早已超越了人们的监督范畴。人们虽然可以通过立法来约束新技术，却无法阻挡技术在社会生活中日益渗透的影响力。这并不是说玛塞拉的遭遇是合理的，谁都无法容忍这种偷偷摸摸的行为。但问题在于，如果技术发展到无处不在的地步，怎么才能做到强制命令或监督数据的使用呢？

另一个例子更能说明上述问题。2017 年，美国移民海关执法局（Immigration and Customs Enforcement）开始与技术供应商展开合作，旨在开发一套监控系统，从而将他们获取的碎片化的数据孤岛（silos of data）全部整合起来进行监控。用他们的话说这是：

> 一个重要的审查系统，能够自动汇集并梳理当前的人工审查流程，同时自动确定追踪到的数据是否足以执行针对美国移民及边境安全和利益的总统行政命令。

简言之，该系统会识别非法潜入美国或移民海关执法局可能会感兴趣的人。[6]

　　虽然针对此类政府行为，美国公民自由联盟（ACLU）曾经开展过一些应对工作，但对非法移民的特别关注本身就提供了一道后门，有了这道门该监控系统就不会面临太大的阻碍。同时，其中一个组成部分能够在之前的基础上增加一个新维度。在观察、评估的数据孤岛中，有一个是锁定对象使用的社交媒体。也就是说，一个人表达的观点、表达的方式和他的听众，在确定这个人是否有嫌疑时都会起到一定的作用。

　　这也是非常有意思的地方。为了把所有信息的来源查找一遍，确定展开进一步调查的对象，必须首先锁定足够多的人，并收集尽可能多的信息。最好是收集每个人的信息。但为什么连美国公民的信息都要收集呢？首先是因为目前还无法识别每个人的数字身份。其次，根据公民的互动和交流信息，能够发现是否有非法移民，以及参与庇护或帮助非法移民的人，或对国家安全构成潜在威胁的人。

　　支持这种全面监视和数据收集的人最常用的合理解释就是，如果你没做错事就没什么好担心的。请先记住这个观点。

　　古尔巴克斯·查哈尔（Gurbaksh Chahal）是硅谷一位连续创业的企业家，因其女朋友拨打911电话报警控诉被其殴打而被警方逮捕。警察到了查哈尔的豪华公寓后注意到，在据称发生袭击事件的卧室天花板上装有监控摄像头。警察对公寓进行了搜查，在衣橱内找到了监控系统的硬盘录像机，于是将其没收，希望能够找到证实查哈尔罪行的录像证据。

果不其然，录像机中的视频记录显示，查哈尔殴打了其女友上百次。然而，最终旧金山县法官布伦丹·康罗伊（Brendan Conroy）并未批准将那些视频记录作为呈堂证供，原因是警方违反了美国宪法第四修正案赋予查哈尔的权利，即在没有搜查令的情况下不得对查哈尔实施搜查和扣押。查哈尔最终被判袭击轻罪，他本人认罪并被判缓刑 3 年。[7]

可以从以下几个角度来分析这个案例：

- 在未获得搜查令的情况下扣押查哈尔的录像机，违反了美国宪法第四修正案赋予查哈尔的权利，更何况录像机并不在一目了然的区域。
- 你可以反驳，警方接到 911 报警电话才进入查哈尔的公寓，因此他们有正当理由对所控罪行进行取证，所以搜查录像机是合理的。
- 你还可以说，查哈尔使用录像监控设备记录进入卧室的任何人（不只是闯入者），这说明他接受录像并非私人财产，而是同时属于原告和他自己。

事实上，根本不存在非黑即白的结论。在每个涉及无意采集录像，以及可能构成犯罪行为的录像等类似案例中，录像是否能合法采用，或者是否侵犯美国宪法第四修正案赋予被告的权利，最终由法院裁定。这也适用于任何形式的潜在证据，但这个问题还涉及所有权和信息披露的问题。

例如，在查哈尔的案例中，如果录像储存在云端又会怎样？录像的所有者是查哈尔还是云端供应商？这样一来，执法者就可能这样做：虽然发现了卧室的摄像头和摄像机，却不扣押嫌疑人住所的任何东西。相反，他们可以直接去找云端服务器的所有者或数据中心获取信息，有没有搜查令都无关紧要。

此外，虽然查哈尔的案例不涉及这点，但任何上传或分享给电信运营商或社交媒体等第三方的信息，均不再享有美国宪法第四修正案赋予的相应权利。

2016 年美国最高法院的一个案例涉及使用蜂窝基站位置信息（CSLI）作为证据，起诉若干个体犯下的持械抢劫罪行，法院裁定由于被告向服务提供商［该案例中为 Sprint/Nextel（美国移动通信公司）］提交了其手机位置信息，因此适用"第三方原则"，这意味着他们不再享有美国宪法第四修正案赋予的此类信息相应的权利。[8]最高法院的判决如下：

> 长久以来，法庭一直认为个人"自愿提交给第三方的信息"不受美国宪法第四修正案的保护。该规则——第三方原则——对于向第三方"披露的信息"，也同样适用，如同本案情形一样，前提是"该第三方仅将其用于有限的用途且不会失信"。

如果这不足以让你感到害怕，那就好了（或许应该说更糟了）。法院判决还有，"个人向另一人透露其事务的"，本人"承担……另一人向政府传达该信息的风险"。是否突然感觉有点儿奥威尔笔下的《1984》中的味道？

如何通过各种媒介获取信息，其背后的动机是什么，信息属于谁，是私营机构还是公共部门，这一切突然都变得模棱两可。你也许能厘清某一个案例的头绪，但不可能通过立法来找到每个案例的解决方案。

现在留给我们的只有一个超级复杂的问题，即该如何定义隐私。

我什么也没做错

现在回到"如果没做错事就不用担心"这个观点上。显然，在安装监视系统的时候，查哈尔万万没想到录像机竟然会对自己不利。那些倡导"自己没错"，也不介意朝向自己的摄像头或镜头，不介意成为政府监视对象的人，通常会用一套说辞来支持自己的观点："如果放弃一点点隐私就能防止另一起'9·11'事件的发生，何乐而不为呢。"但他们认识不到，收集的不仅是与潜在非法犯罪活动有关的信息，而且有很多信息与非法活动根本就不沾边，事实上只是在尽可能多地收集毫无区分度的信息而已。

第二个也是更为严重的错误是，当你声称自己什么也没做错，就意味着你对个人行为是否违法了如指掌。《美国法典》（United States Code）约有 27 000 页，涵盖所有的联邦法律，还不包括各监管机构的行政条例，以及各州的法律法规。[9]

美国最高法院大法官布雷耶（Breyer）表示："现代联邦刑法极其复杂，在《美国法典》中有数千节相关规定，而实际情况有无限种可能，每一种都可能引起对潜在违法行为的调查，因此人们很难预知，自己的某些言辞在将来是否（对公诉人而言）会与某起调查有关。"

最后，合法的概念并非一成不变。为了适应不断变化的常态，推进社会朝着更为公正的方向发展，需要不断修改或废除相关法律，而在此过程中从未被违反过的法律是不存在的。因此，你的行为或许因为某种原因已经触犯了法律，但由于在道德、伦理或社会层面，这个原因都是能够接受的，便有了变更该法律规定的社会驱动力，如同性结婚、医用大麻等。假定法律是完美的，就等于假定人是完美的。然而人无完人，法律亦如此。

或许此刻你会感到诧异，明知道暴露人们的行为会增加隐私被侵犯的风险，我们为什么还要提倡提高透明度？毕竟，到目前为止，依照我们的描述，人类似乎要全速进入一个被全天候监视的社会。

毫无疑问，数字自我会成为争议和分歧的焦点，还将导致对隐私的争论进一步升级。但如今木已成舟，时光不可能倒流。

随着人们观察行为的能力不断提高，隐私必将成为一个更为热门的话题。不过还有另外一个方法，让技术改变执法这把"双刃剑"，同时保证公正这一前提。

谁在监视谁

亚历克斯·乌贝尔斯（Alex Wubbels）是犹他大学医院的一名护士，她刚要走出烧伤科急诊室，就遇到了警探杰夫·佩恩（Jeff Payne），询问能否获得急诊室内某个病人的血液样本。

乌贝尔斯十分清楚，在没有搜查令或未获得病人许可的情况下不能提供血样。当时她的病人正处于无意识状态，无法表明态度，而警探佩恩也没有搜查令。于是她礼貌地向佩恩解释了当时的情况，但佩恩十分坚持。她只好找出一份医院政策的纸质资料，封面显示该资料是与警方合作编制而成。医院与警方联合制定的政策中写得清清楚楚，没有搜查令或未经病人同意不得抽取血液样本。乌贝尔斯心平气和地向佩恩阅读了相关政策和法律规定，还提供了纸质资料并指出有关搜查令和病人许可的规定，全程未流露出一丝傲慢之意。然而佩恩并不买账，他突然激动起来并威胁要逮捕乌贝尔斯。

乌贝尔斯丝毫没有畏惧，她用手机拨打了上级的电话，并打开免提让佩恩听了电话那头的解释。在上级与佩恩确认医院政策的过程中，她一直为他们举着手机。随后，她跟佩恩说道：

"先生，你犯了一个严重的错误，你不该威胁一名护士。"

佩恩突然恼羞成怒。他猛地一把夺过乌贝尔斯的手机，另一只手抓住她的手臂，声称她被捕了，然后强行将她拖出急救室，把她按在急救室外的墙上并对其上铐。乌贝尔斯茫然不知所措，她恳求佩恩放开她。当时在场目睹这一切的，还有医院的警卫和另一名警察，他们跟乌贝尔斯一样对当时的情况感到十分震惊。

2017 年 9 月 1 日，各大报刊对该事件进行了报道，但事发当天是 7 月 26 日。这多亏了许多警察局从 4 年前开始采用的一项技术，否则事情的真相可能永远都只有在场的几个人知道，警探佩恩必须随身佩戴的便携摄像头记录下了事件的始末。

最先采用便携摄像头的是加利福尼亚州的里阿尔托的一个警察局。《纽约时报》2013 年的一篇文章写道："自 2012 年 2 月里阿尔托采用便携摄像头辅助执法以来，对警察的投诉较前一年降低了 88%。警察暴力执法的现象较同期减少了 60%。"

但便携摄像头的使用并未受到所有人的欢迎。纽约市长迈克尔·布隆伯格（Michael Bloomberg）就发出了反对之声。他表示："这会是个噩梦，我们不可能再安排一个摄像师跟拍，保证人们不会质疑他们不是故意选取某个角度，或者是否记录了完整的画面。"[10] 显然，便携摄像头还有很大的改进空间，但不可否认，它提高了相关人员的安全性。

这个事例中的不对称现象，与其他大多数情况类似，即揭示隐藏行为的技术，引起人们对存在严重错误的边缘案件的关注，但它的积极影响并不明显。

科技前进的车轮是不会倒退的。收集人们信息数据的设备、传感器和软件最终将覆盖一切，那时人们将无法再对技术的使用进行监督和管理。

这并不意味着我们应该停止通过立法、法律及社会途径防止滥用隐私的行为，但若想仅凭这些途径来解决问题也不太现实，因为这就等于承认，除此之外人们别无他法来保护数字自我，而提高透明度也毫无价值可言。本书第四章和第八章还将讨论，保障数字自我的所有权和控制权另有他法，我们将通过全书证明，数字自我在重视透明度的环境中价值颇高。

风险远大于收益这种耸人听闻的传言，几乎存在于人类文明的每一次重要飞跃。公元前 400 年，苏格拉底就曾担心写作会摧毁口述艺术；1815 年，厌恶技术的勒德分子（Luddites）害怕技术会导致自己失业；1982 年，美国电影协会（Motion Picture Association）主席杰克·瓦伦蒂（Jack Valenti）曾公开表示："盒式磁带录像机（VCR）之于美国电影制片人和公众，无异于波士顿杀人狂之于独自在家的女性……"[11] 以当下的恐惧推测未来是再容易不过的事情。

人们虽然非常擅长推测新技术的弊端，但在预测技术优势、预见保护人们免受技术阴暗面影响的创新方面，却显得异常无能。回想一下 1993 年 AT&T 的广告"你的未来"，很多人认为广告语"你的未来"更像是威胁而非承诺。你的未来将全天候被科技捆绑！你猜结果怎样？确实如此，但似乎人们乐在其中。要在新事物带来的恐惧与其潜力之间寻找平衡注定不易，但人们还是会不断陷入这个陷阱。

在第四章"与车对话"这个话题中，我们将看到一个成熟、大胆、创新的数字及实体资产拥有方式。该方式不仅能减少对隐私的威胁，还能创造出拓展数字自我价值的机会，而且那只是人们目前能想到的范畴，类似的方式还有许多。

本章已接近尾声，数字自我还有令人为之惊叹的另一面，即它发展和壮大的速度比人类自身更快，这一点对理解数字自我如何为个体创造价值十分重要。

乍听之下，这或许很奇怪：如果那是我们自己的数字自我，它怎么会比现实世界中的我们发展得更快呢？在很大程度上，数字自我将以人类无法企及的速度和规模为我们提供服务。对此，我们将在第六章借"个性化代言人"的例子展开论述，此处先用一个简单的比喻说明问题。

本书的作者之一乔治曾是一位核物理学家。在思考如何描述数字自我在发展过程中的进步时，他想到了爱因斯坦的时空理论。我们暂不在那个层面做深入探讨，不过其中的关联非常有意思，也激发了我们的好奇心。

爱因斯坦在其理论基石——狭义相对论中提到，两个观察者所观测到的时间可能不同。原因是速度、引力等因素的变化会导致时间膨胀效应的产生。爱因斯坦表示：

> 时间膨胀是指两个观察者之间的时间差，造成这种差异的原因也许是彼此相对的速度差异，或者是二者相对于重力场的位置不同……由于时空的性质，对一个观察者而言，相对于该观察者运动的时钟，要比观察者自己参照体系中静止的时钟走得慢。如果时钟所处重力场强度大于观察者所在的重力场，则该时钟要比观察者自己的时钟走得慢。[12]

简言之，在你的参考体系中如果我运动的速率更快，那么我的时钟就相对走得慢，同时你也会觉得你的时钟走得更快，至少你观察到的结果是这样。那么如何运用时空理论解释我们所说的数字自我呢？

很简单，我们的数字自我要比我们自己的速度快得多。当我们静止不动的时候，数字自我正在以光速快速收集、关联、模仿并做出决定，而这一切都是我们无法看到的。这意味着在任何一段时间间隔内，数字自我都比你能做的多得多。最终便导致了你的数字自我能够在你做出行动之前推测出你的行为。因为它已经比你早十步到了那里。

数字自我运作的方式十分有趣，后续章节会对此展开论述。现在请你想一下，那些争夺你注意力的事物何等繁杂，令人喘不过气，更不用提那些待办清单上的事项了。试想一下，假如你有一个对你的习惯、情绪、能力和诉求十分了解的私人助理，它总能先你一步知道你接下来需要做什么。这听起来简直不可思议，对吗？但这就是数字自我将在你生活中扮演的角色。

此前我们也曾听过这样的承诺。在计算机出现之初，人们就听说机器、计算机、机器人将会带给我们更多的时间和自由，让我们去做自己想做的事，减少日常生活中的单调和乏味。今天，苹果的智能语音助手 Siri、微软的个人智能助理 Cortana、亚马逊的虚拟语音助理 Alexa，以及谷歌的智能语音服务"谷歌即时"（Google Now）等都做出了相同的承诺，只是它们与我们想象的效果还相去甚远。

导致现实与想象存在落差的原因，在于它们目前掌握的关于你的数据非常有限，同时其学习能力也尚在提升。不过在第六章中我们将看到，在不久的将来，这方面的进步将重新定义客户体验，最终成为那些想在激烈市场竞争中脱颖而出的公司的一项不可或缺的资产。

不过在此之前，让我们先通过最能体现实体与数字行为融为一体的设备——自动驾驶汽车，来看一看未来会是什么样子，这将是证明人工智能的价值与可靠性的转折所在。

第四章

将来完成时：与车对话

"陛下，这不是造反 —— 是革命。"

——1789 年 7 月 14 日的晚上，巴士底狱被攻占，

罗什富科 – 利扬库尔公爵

（Duc DE Rochefoucald-Liancourt）

对法国国王路易十六如是说

2016 年 8 月 16 日，迈克尔·纳尔逊（Michael Nelson）走进加利福尼亚州橘郡的一家特斯拉零售店。他是一名律师，服务的客户覆盖汽车行业和保险行业的各色知名人物。他一直在考虑到底是买电动汽车（Electric Vehicles，EVs）还是自动驾驶汽车，而且已经试驾很多次了，所以他偶尔会去当地的汽车经销商店，这一点也不奇怪。

然而，迈克尔并不住在加利福尼亚州，他家在纽约，因为出差的缘故来到加州，他计划过几天就飞回去。他在这家店买了一辆特斯拉 S 型轿车（Model S），刚出店门就给他年满 31 岁、身在纽约的儿子打电话，问他想不想体验一次公路旅行。两天后，他们三个——迈克尔、他的儿子还有特斯拉——一起出发，准备从洛杉矶开往纽约，穿越整个美国。

我们跟迈克尔讨论了他的首次公路旅行，请他分享了在与特斯拉一路向东、3 000 多英里的跋涉途中的心得体会。迈克尔对自动驾驶汽车并不陌生，一年来他曾试驾过多辆同类型的汽车。所以他很清楚等待自己的是什么，但这次经历与典型的 15 分钟试驾大不相同，尤其是他们从洛杉矶出发的时间是当晚五点钟。迈克尔说："正好撞上'五'了，这是洛杉矶人常说的一句话，说的是周五的下午通常会出现的交通拥堵，汽车长龙首尾相接。我们坐在一辆崭新的自动驾驶汽车中，还没弄清楚怎么开呢，所以对我来说这绝对算罕见的情况。我当时还在研究汽车上路后到底要怎么使用自动紧急刹车，结果我们当晚连加州都没驶出。"

第二天，他们开到了内华达州，迈克尔惊奇地发现，即使面对最复杂的路况，特斯拉也能应对自如。他们刚进入亚利桑那州时，走的全是蜿蜒崎岖的山路，但对自动驾驶汽车来说这似乎完全不在话下。不过拐了几个弯以后，他自己反倒有些担心，于是就踩了一下刹车，转为手动控制操作，他对我们说："……你要慢慢建立对自动驾驶汽车的信任，相信它有能力做好分内的事。"

当他们正以 75 英里的时速驶上一个陡坡时，一辆十八轮大卡车突然加塞到了他们前面，没想到特斯拉立即减速来适应这辆半挂车的速度——低至时速 19 英里。

据迈克尔回忆，他起初对自动驾驶汽车能否准确地按照路标变道心存疑惑，但这辆车做出了令他满意的行为。

如果你正乘坐一辆自动驾驶汽车，行驶在三车道高速公路的中间车道，你想换到左侧的车道，（只需要）按下指示灯，接下来的变道就交给车来完成，不用你亲自出马。你仍然手握着方向盘，但并没有手动变道，汽车似乎会先观察一番，然后表示，"没问题，可以安全变道"，在你反应过来前，它已经先45度转向，然后把方向调正。

人们驾驶时都会有一个盲区，而针对这个盲区有一个习惯性的操作：先环顾四周，打转向灯，然后轻踩油门驶入另一个车道，以免撞上某辆你没注意到的车。但对特斯拉来说就不存在这种情况。当汽车载着你准备变更车道时，如果相邻的车道上有车，它会自动停下来不再往左移动，你一定要慢慢培养对它的信心。[1]

然而最有意思的一个心得其实源于迈克尔所做的一件事，也是每位特斯拉车主想都不用想就会做的事。对特斯拉来说，这也许是非常了不起的一步，或者说是"无心插柳柳成荫"，迈克尔把这一刻称为"目瞪口呆"时刻。

在开车回家的路上，他慢慢习惯了每个特斯拉车主都会有的一项体验：充电。在他们开车经过科罗拉多州时，迈克尔注意到一些同样型号的特斯拉也来到了充电站。显然，他不是唯一一个驾驶特斯拉穿越美国的人。他碰见了一位女士，跟他一样也是律师，她刚买了特斯拉。在他们交流彼此经历的过程中，迈克尔一直把他的特斯拉称为"她"，而那位女士却说："'他'的聪明令我感到十分惊讶。"迈克尔大吃一惊，他问她："当你说'他'时，你是指埃隆·马斯克吗？""不是，"她回答说，"我的车有名字的，他叫文森特（Vincent）。"

特斯拉车主在进行车辆设置时，第一件事就是给它取名字。迈克尔本人是作家约翰·斯坦贝克（John Steinbeck）的书迷，他想到了斯坦贝克的《同查理一起旅行：寻找美国》（*Travels with Charley: In Search of America*），书中描述了主人公从东往西横跨美国的旅行，迈克尔给他的车取名时参考了该书主人公的名字，但稍微做了一些改动，他用了这个名字的女性形式——查莉（Charlie）。

给车取名时，车主假定的性别基本都与本人性别相反，这可能纯属巧合，但迈克尔对此很有感触，这辆特斯拉不像他别的车，"她"需要与车主建立信任和联系，甚至建立关系。在谈话过程中，迈克尔透露，整个旅行令他印象最深刻的是，与查莉逐渐建立的互信纽带。信任、行为和关系——对一辆汽车来说，这绝不是一般的属性，记住这个观点，我们会在后文继续探讨。

未来触手可及

最伟大的创新往往裹挟着费解与误解，这是一条亘古不变的真理。想想旧石器时代，当第一个圆形的车轮诞生时，人们大惑不解，妄加评论，"这当然比方形的车轮好，但它会一直滚下去，不知会滚到哪里去！还是方形的车轮更可靠"。

一个很简单的事实就是，未来总是充满恐惧和不确定性，因为人们永远无法预测、无法完全理解它会以什么方式到来，只有当人们回望时，才会在心中暗想："我们怎么会错过它呢？"

从第一台收音机到第一台电视机，再到第一封电子邮件，人们一直低估了集体的力量，我们原本有能力改变自身的行为，以适应那些看似来者不善的创新，并找到合理的方法把它们应用到生活中。让你的 iPhone 远离你的床或床头柜，你能坚持多久？今天，80% 的手机用户无法在一天内与手机保持 3 英尺[①] 以上的距离，无论是白天还是晚上。根据美国银行的一项流动性调查，"美国大约有 3/4（71%）的人睡觉时必须把手机放在身边。年轻的千禧一代（年龄在 18~24 岁）则最有可能在睡觉时把手机放在床上（34%）"。[2]

为了更好地理解未来，我们需要留心各种可能引发改变的行为力量、文化力量和心理力量，就像留心科技的演变一样。在第一章中，我们提出了准确认识未来的重要性，推测了未来会变得更加透明的前景。在本章中，我们将探讨，当人们与自动驾驶汽车的沟通能像与人类进行沟通一样毫无障碍时，未来会是什么样的。最后，我们还将描述商业和经济中的规则颠覆者，即享有自己的自动化设备这一理念。

我们要讨论的概念看上去还十分遥远，但其实不然，所有跟我们交流过的人，包括在写作本书时我们采访过的人，如果

---

① 　1 英尺 ≈0.31 米。

他们心中都有同一种感觉，那一定是未来到来的速度远比人们的理解快。在人们适应未来的过程中，对变化速度缺乏真正的认识很可能会成为很大的障碍。潜在的科技进步（如人工智能）正在驱动我们接下来要探讨的这些变化，这些变化并未以一种线性的方式演进，这对人类而言将是一个巨大的挑战。因为人类本质上习惯于线性思考，要理解几何、指数等非线性变化，并不是人类本能的选择。人们用线性思维思考是因为我们所观察到的自然世界就是这样运行的。

比如，看看下面这个简单的例子。

假设给你一个弹力球，可以弹跳到无限高（此处暂时忽略物理法则），然后要求你开始拍这个球，而每拍一次，球往上反弹的高度都会翻一番，如果第一次可以反弹到离地 10 英尺高，那么第 10 次的时候球能反弹到多高呢？答案是，会接近一座小山的高度，大约 5 000 英尺。

这算高了，但还不算非常高，你对这个高度的猜测应该也是八九不离十，但再多拍三次以后是多高呢？当到第 14 次弹起来时，球会达到珠穆朗玛峰的高度，接近商用飞机的最高飞行高度。

这就有点儿了不得了，但还不能就此打住，毕竟前文说过它可以达到无限高的高度，所以在反弹了第 21、29、37、45次以后，球可以反弹到多高呢？这些问题的答案，似乎超出了我们对距离的理解能力。在第 21 次弹起时，球已经接近近地轨道；在第 29 次时，就会超过地球，到达月球；再多拍 8 次，它会飞速掠过火星；反弹到第 45 次时，NASA（美国国家航空航天局）可能会收到它发出的微弱信号，因为它经过了第一个"旅行者号"（Voyager）航天飞船，进入外太空约 170 亿英里的地方；而到第 88 次时，你可能再也见不到这个球了，因为它已经超越了太空的可视范围。

这还不够震撼？你可能觉得这没什么了不起的，毕竟，在说到技术的发展轨迹时，人们已经习惯了大数字。恭喜，你开始运用指数型思维了。不过这里要澄清一下，我们并不是打算用快速翻番的数字镇住你，而是想要探讨：人类如何认识加速指数型增长（accelerated exponential growth）。

再问你们一个问题。

如果刚开始我们用的是一个打折的超级弹力球，每次只能反弹 1 英寸①，而不是 10 英尺（换言之，相较于全价弹力球的 10 英尺，这个高度还不到其 1%），但每次它可以弹起的高度能够翻两番（而不是原来的翻一番），你认为它在多高的位置可以超过那个起步就是 10 英尺的球呢？不要去计算，大概猜一猜。它能到达珠穆朗玛峰、近地轨道、月球、火星或"旅行者号"的高度吗？不可思议的是，这个打折的弹力球，虽然一开始只能反弹一英寸高，但它只需要反弹 14 次，就可以达到

---

① 1 英寸 ≈2.54 厘米。

珠穆朗玛峰的高度！

实际上，如果一开始用一个每次能反弹 1 英里的球（弹起高度是之前超级弹力球的 528 倍，是之前能反弹 1 英寸的打折弹力球的 6 336 倍），那个弹力为 1 英寸的打折弹力球在经过月球以后，就可以赶上弹起高度为 1 英里的弹力球！如果你花时间算一算，就会发现的确如此，但这个结论太反直觉了。

讲这个例子是为了揭示线性增长（弹力球从一开始的 10 英尺到 1 英里过程中的实际增长）和指数型增长（翻番效应），两者在加速指数型增长（打折弹力球的弹起高度起点仅为 1 英寸，但之后的增长速度越来越快）面前均相形见绌。任何东西，一旦开始以加速指数型增长速度发展，其变化的加速度很快就能大到可以完全忽略起步低所带来的影响。

人工智能正如打折的弹力球一样，其演化也属于加速指数型增长模式。可能有人会不同意，认为今天的人工智能还处于起步阶段，依然十分不成熟。但很快，这些不成熟都将不再是问题。如今的这条发展轨迹将带领我们快速奔向未来，步调比任何人想象的都快。技术的进步不再是做加法，而是做乘法——对人工智能来说，就是不断增长的指数乘数。

一台简单的人工智能引擎能在一夜间学会玩转经典电脑游戏"太空侵略者"（Space Invaders），而且比人类玩家玩得好。[3]我们要探讨的很多潜力技术跟弹力球一样，已经弹跳出了人类的视野范围，正在迅速进入我们的日常生活，渗入企业的发展当中。虽然我们可以反驳说，这些技术目前仍处于起步阶段，尚不成熟，但从长远来看，这些都不是问题。这条发展轨迹将带领我们去往接下来要探讨的目的地，而其速度远远超过任何人的想象。

我们相信，在本书出版后的 5~10 年，书中的观点，大部分将会为主流社会所接受。当然，未来依然会充满挑战，但也会带来诸多机遇。而其中最伟大、最有颠覆性的机遇之一，将出现在自动驾驶汽车领域。

驶入公路

在现有及将来会出现的人工智能应用中，能够体现人类快速与之建立起信任关系，把它当作生活中极为可靠、自然且不可分割的一部分，最典型的例子就是自动驾驶汽车，也就是我们所说的 AVs。你会注意到我们不再称其为"无人驾驶汽车"，这是当下另一个比较流行的称呼。原因很简单，"无人驾驶汽车"这个标签不够准确，它们其实有驾驶员，只不过这个驾驶员不是人类罢了。

汽车是现代社会的组成部分，是社会经济基础设施的必需品，它们的身影无处不在，与人类建立了牢固的文化纽带、个体关系和行为关联。汽车是人们身份的象征，是商业的中流砥柱。作为一个行业，汽车制造业的体量可以比肩世界第六大经济体，每年雇用人数多达 5 000 万，产出将近 1 亿辆车。[4] 这些车顺次排列开来，能环绕赤道八圈。[5]

对多数人而言，在日常生活中，驾驶汽车、与汽车分享自己的一切是唯一一件高风险的事。汽车每年会造成 130 万人死亡，车祸成了全球第十大致死原因，也是前十大原因中唯一与疾病无关的。[6] 然而，如果你转念想想这样一个现实，全球只有 10 亿辆汽车，70 亿人均有身患前九种致死疾病中的任意一种的风险，可以说，对那些有车一族或与车打交道的人来说，汽车对他们来说是首要致死原因。[7]

在为本书做调研的过程中，我们接触了很多专门负责人身伤害的律师及保险公司。毫无疑问，自动驾驶汽车会对他们的业务产生巨大影响，但他们对此的反应出人意料。马克·朗贝（Marc Lamber）是芬内莫尔·克雷格（Fennemore Craig）律师事务所的一位负责人身伤害的律师，该律师事务所在美国西南部已有 130 年历史。马克与我们分享了业内盛行的观点：

> 归根结底，自动驾驶汽车会让我这样的人失业，从这个层面来说，它非常了不起。我是一名人身伤害律师，但这（这种替代）让我十分高兴。虽然我认为这不至于明年就能立马实现，但你可以看到，技术向前发展的速度非常快，像我这样代理车祸受害者人身伤害的律师，最终将面临失业或业务大幅锐减。这是未来的必然趋势，而从统计

学的角度看，这绝对算一件好事。

全世界每年有 100 万人因车祸丧生。据我了解，大家普遍接受的数据是，至少有 90% 的车祸都是人为造成的，如果所有车辆均实现自动驾驶，10 年后，几乎所有车祸都可以避免，这相当于一年挽救 100 万条人命，并避免无数的致伤车祸。

马克的看法体现了一个人们时常碰到的问题。人们多少都有过交通事故的经历，于是渐渐地，每年 130 万的死亡人数和多达 5 000 万人身伤害事故成了现代人必须面临的风险之一，我们坦然接受这个现实。然而，这其实是完全没有必要的"人类大屠杀"，我们后面会继续探讨这个问题。

当自动驾驶汽车融入人们的生活后，还将影响老龄化人群。大多数人都遇到过非常艰难的沟通，甚至是单方面的决定，即直接从家长那里拿走车钥匙。当今社会，汽车可能是最伟大的独立宣言了。开车不仅意味着有了驾照，还意味着有了独立生活、社交和享受个人自由的通行证。但随着我们一天天变老，驾驶的风险也越来越高，美国汽车协会表示："尽管老年人驾车总里程比年轻人少，但在 1 英里的驾车里程内，他们是除青少年外撞车死亡风险最高的人群。"老龄化已经是大势所趋，而老年人在无法驾驶以后，至少还能再活平均 7~10 年。[8]

最后，我们不要忘了汽车对全球人口以及气候变化的影响，根据 NASA 的研究，汽车是气候变化的最大推手，没有之一。[9]

基于汽车对文化、风险、气候、经济、工作、社会等方面所产生的巨大影响，我们认为，在衡量、理解、接受人工智能和使用人工智能设备的过程中，接受自动驾驶汽车是最伟大的里程碑，套用老歌中的一句话："如果人工智能过了这一关，它将所向披靡……"这就是我们在书中着重探讨自动驾驶汽车这个例子的原因。我们相信，自动驾驶汽车将引领智能设备时代的到来，这些智能设备将表现出自己的行为，并能与我们的数字自我进行沟通。

尽管这样的未来充满了独特的挑战，但也并非全无先例。快速回顾一下约 100 年前一个类似的挑战，或许能对我们的理解有所帮助。

电梯司机

科罗纳多岛位于圣地亚哥市南部，有世界顶级度假村美誉的科罗纳多酒店就坐落在这个岛上。酒店建于 1888 年，曾经接待过多位总统，最早可以追溯至威廉·塔夫脱。据说这家酒店还是《绿野仙踪》的灵感地之一，1904 年，莱曼·弗兰克·鲍姆曾下榻该酒店。130 年来，酒店已经发生了很大变化：很多新建筑，还增加了几百万美元的奢华公寓楼以及价值不菲的现代会议设施。但有一样始终没变：在这座壮丽的维多利亚风格主建筑的中心，安德鲁·劳恩斯伯里（Andrew Lounsbury）还在手动操作那部装着黄铜折叠门的老电梯，他在这里已经工作37年了。

对那些甚至不知道电梯原本只能由"司机"控制的酒店客人来说，吸引他们的是新鲜感。但当他们走进需要有人操纵的电梯时，他们脸上的忧虑和不安显而易见，不难想象他们的内心世界："这真的安全吗？这部电梯为什么不能自动运行，就像那些真正的电梯一样？"或是"如果司机犯了错，在你就要进来或出去时启动了电梯怎么办？"毕竟，他是人啊，是人就会犯错。

有意思的是，尽管在20世纪中叶电梯司机非常普遍，但实际上在20世纪初就有不用司机的电梯了，但这样的电梯遇到了一个问题：没有人用。人们面临两个选择：楼梯和一部孤独的自动电梯，然而没有人会选择后者。直到20世纪中叶，无人值守电梯才迎来了转折点。

1945年，纽约的电梯司机联盟罢工，市内几乎所有的电梯全部停运，这座城市在一定程度上也停运了，愤怒的租客和房东要求立即采取应对措施。这次罢工是灾难性的，让整个纽约市损失了约1亿美元。突然间，资本开始流向自动电梯，在接下来的10年里，人们非常努力地建立了对自动电梯的信任，最终也导致成千上万的电梯司机失业。

今天，当人们走进电梯时，很少会在意它的运行方式、安全性或者风险。如果你身处科罗纳多酒店，在决定要乘坐那部著名的电梯前，先停下来想想，要重塑人们对安全和正常的态度，需要经历多么重大的变革。

自动操作的发展绝不仅仅取决于自动化技术。例如在是否采用无人电梯这件事上，最根本的争议与技术无关，因为自动运行电梯技术已存在了 50 年之久。其问题在于，要相信机器能跟人一样做事。一言以蔽之，根本问题是关于认识。还是没办法打消顾虑吗？也许你是少数几个害怕乘坐电梯的人？好吧，你的害怕也不无道理。毕竟，每年有 27 人因自动电梯故障丧生。不过，你也应该了解，根据隶属于疾病控制与预防中心的美国国家卫生统计中心（National Center for Health Statistics）的统计，每年约有 1 600 人由于从楼梯跌落而丧生，你不用做数学题，这个数据意味着，你走楼梯遭遇致命意外的可能性是乘坐电梯的 60 倍。不幸的是，单凭数字仍然很难改变人们的认识。

阿明·卡希（Amin Kashi）是在西门子旗下的明导（Mentor）公司负责高级驾驶辅助系统（ADAS）和自动驾驶系统的总监，他告诉我们：“我确信，在不久的将来，人们就会在心中暗自回想，我怎么能在上下班途中浪费这么多时间，怎么能忍受以往存在固有安全隐患的驾驶方式。到时候这些问题都会一目了然。就目前来说，人们是习惯成了自然，但我觉得将来人们一定会为自己的经历感到惊讶不已。"

智能行为

实现自动化的发展既需要人类的进步，也需要自动驾驶汽车的发展，它的发展并不是递进式的，会有退步，也会有突破。我们相当于在引入一个新物种，不只与它分享所走的道路，也与它分享我们所处的世界。

所以，我们需要给接下来要探讨的自动驾驶汽车和驱动它的人工智能下一个准确的定义。自动驾驶汽车最特别的地方，在于它可以利用人工智能从经验中学习，这与编程计算机的作用原理存在显著差异：程序是由人编写的，代表了计算机完成一项任务所要遵循的全套规则，这些规则可能很复杂，但是是有限的，是人可以理解的。换言之，当计算机做决定时，它是基于这些规则的，人们可以据此追溯，从而理解它做这个决定的原因。但很快我们就会发现，对人工智能来说不是这样。

当计算机或任何设备可以从经验中学习时，往往马上会被归类为智能设备，但各种形式的人工智能构成了一套远非传统编程所能及的解决方案，我们需要对这些形式的人工智能做一个清晰的界定，并在此基础上进一步挖掘自主性的定义。

此处不再深究人工智能的悠久历史和诸多影响，尽管那些话题会很有意思，但多数已有相关论著或有人正在写作相关内容。如果你想了解美国国家科学与技术委员会（National Science and Technology Council，简称 NSTC）开发人工智能的速度，《为人工智能的未来做好准备》（*Preparing for the Future of Artificial Intelligence*）[10] 是最好、最简洁的可用资源。如果本书内容不能满足你对于人工智能的兴趣，我们推荐你读一读《为人工智能的未来做好准备》这本书。本书的目的是建立一个基础，让你可以了解人工智能的工作原理和背后的原因。

我们主要讨论三种人工智能：机器学习、狭义的人工智能和广义的人工智能。我们会把自动驾驶汽车作为探讨的背景，希望在这个过程中能揭开人工智能的神秘面纱，揭示某些夸大机器发展的反乌托邦观点，这些误导很容易引发人们对未来的恐惧。首先我们要介绍人工智能最基本的形式——机器学习。

跟编程计算机一样，机器学习始于计算机遵循的一套基本规则，我们称之为培训规则（training rules），同时还设有一个目标，以确定这些规则是否应用得当，是否达到了预期的效果。传统的编程与人工智能的不同之处在于，能够进行机器学习的计算机可以通过经验积累规则（这是它的编程过程），在执行规则的过程中，运用统计模型决定规则组合在指定情形下的效果，以最好地实现目标。例如之前介绍过的 AlphaGo，它在围棋比赛中采用了政策网络和价值网络，政策网络定义了可能的选择，价值网络则定义了最好的选择。

多数人很容易想到一个简单的类比，就是学习骑自行车。

回想一下刚开始学习骑自行车时的经历，你或许会回想起来或至少也能想象得到，为了能够在自行车上坐直不失控，你需要在心里记住一大堆规则，多到让你感到手足无措。相信要列出实现学会骑自行车这个目标的各种规则对你来说一定苦不堪言。

这些规则包括：该怎么蹬踏板、何时蹬、以什么速度蹬，如何协调身体保持平衡，观察周围环境和路况，路面是否潮湿或有沙子，是否存在障碍物，交通状况如何，是白天还是晚上，是多云还是晴天，有没有刮风，等等。而要考虑的还不止这些，最终的目的只是让身体一直保持直立的状态，利用车轮的回转效应前进，不从车上摔下来。

你本来就知道这些对不对？你没有摔倒，是因为你自己具有保持平衡的能力，再加上自行车车轮产生的回转效应，让你可以一直骑着往前走，不至于摔倒。这也在一定程度上解释了，当你骑车准备右转弯时，为什么身子要先右倾，同时车把手稍微向左转向，以便对你和车产生向右的推力，这时你会握紧车把完成转弯。这听起来很绕，非常反直觉，因此，除非你马上骑上自行车试试，否则绝不会相信这番话。不过你其实一直都是这样做的。我们想要说明的就是，人类的大脑知道那些已经被实践证明行之有效的做法，只是人们自己意识不到而已，或甚至不知道为什么这么做就是对的。而智能设备的作用，很大程度就是略过人们行为的细节，直接达到预期的结果，它无须了解人们行为背后的原因，总之就是达到了目的。

随着逐步学习，你的知识进一步丰富，可以处理越来越多的新情况，最终你不仅能够驾轻就熟地骑自行车，还学会了很多花式骑车的方法——站立骑车、放把骑车、坐在车把上骑车，并且对各种情况都能应对自如，这的确很有意思。到了这个时候你才真正相信自己，因为你凭本能可以判断，自己十有八九能做到保持身体坐直不失控，一切尽在掌握之中。确实如此，所有的信任都始于有足够的自信能够预测结果，这种预测通常以达到某实验数据临界量为基础，但别被实验这个词吓到，不是说你要有第一手的实验资料，而是你有过的类似经历或听说过他人屡试不爽的类似经历。

很明显，到了这个阶段，你已经对骑自行车了如指掌了。若干年以后，发生了一件很让人受挫的事。突然到了你要把这些知识传授给你的子女、侄女、侄子或孙子女的时候，你会给他们列出自己学骑车时遵守的成百上千甚至成千上万的规则吗？当然不是，就算你真想这样做，也是心有余而力不足，因为规则实在太多了，而且其中大部分是你根本没有意识到的。那么他们是怎么学的呢？用跟你一样的办法，通过积累成千上万次的经历，尝试成千上万的小动作，就是为了实现保持平衡这个目标，并且为了消除他们的恐惧，你很可能会对他们说："相信我，你一定会找到诀窍的。"

这也同样适用于人工智能。人工智能要学会开车，那么它应该也会"思考"，但其实它并不会，至少不能像人类一样思考，这是大众经常存在的误区。其实，人工智能遵循一套规则，受各种复杂变量的支配，其复杂程度远远超出我们的理解，这就是我们称之为人工智能的原因；它做的决定虽然不能让人一眼看穿，但最终还是取得了理想的效果。这并不是说它遵守的规则是无限的（即使这套规则一直在扩充），而是如果要尝试拆解每一个决定，弄清楚其中的每一个细节，是不现实的。lvl5（level 5，意指 5 级自动驾驶）是一家专为自动驾驶汽车做 3-D 地图的公司，该公司的 CEO 安德鲁·科里（Andrew Kouri）表示：

> （自动驾驶）汽车并不是真的会思考，它只是按照指令行事，有时候很难理解它为什么会按照这样的指令行事，这涉及再现大量的输入指令，比如，真的是晴天吗？还是因为太阳处在某个角度？这样挑战就变为了"我怎么能再现一模一样的情景，让它再来一次？"好让我发现问题出在哪儿。

人工智能的表现和做决定的过程十分复杂，但这并不会让决定本身彰显意识、产生直觉或具备魔力，只会让它显得难以理解。正如你无法列举学习骑自行车需要注意的所有规则一样，你只能跟要学骑车的新手说："相信我，你一定能找到诀窍的。"

如果人工智能未曾接受过相关培训，它就无法做出相应的决策。我们再借用一下学习骑自行车这个类比，你可以骑自行车，并不意味着你就可以驾驶汽车或飞机。你甚至不能从操作两轮的交通工具转向操作独轮车，因为你需要先学习一套全新的规则。

这就是"狭义的人工智能"，它只是针对某一特定任务。例如，自动驾驶汽车在行驶途中识别物体、谷歌 DeepMind 开发的 AlphaGo 等，都属于这一类人工智能。

狭义的人工智能是目前应用的最先进的人工智能，它可以接受培训，学会如何完成任务，并通过练习越做越好。因为是人工智能自己进行学习（而不是由人类对其进行编程），所以我们也不清楚它为什么会做某个决定。当然，并非我们完全不能理解，只是操作起来不现实。这是否会让人工智能变成人人畏惧的黑匣子，因为它做决定时用到了某些超人类的能力？实际上并非如此。但很多关于人工智能的争议就是这样产生的。

比如，2017 年，脸书人工智能实验室（Facebook Artificial Intelligence Research，简称 FAIR）有一段广为流传的小插曲，关于两个人工智能聊天机器人完成一项谈判任务。为了遵循机器人使用的逻辑，工程师训练机器人用英语交流，但是还没有具体到用符合人类理解的英语。让人意想不到的事情发生了，机器人间的交流脱离了人们认可的语法，于是有了下面这段对话［案例中的机器人分别叫鲍勃（Bob）和艾丽斯（Alice）］：

鲍勃：我能我我任何别的事情

艾丽斯：球有零给我给我给我给我给我给我给我给

鲍勃：你我任何别的事情

艾丽斯：球有一个球给我给我给我给我给我给我给我

机器使用的是一种简略的表达方式，这是机器人的典型行为，然而工程师打断了它们，想要通过一个新目标，激励机器人使用恰当的用词习惯和句子结构，以及人类可以理解的语言。

对脸书的工程师来说，这没什么大不了，无非是继续在实验室进行研究罢了。然而，此事传出以后，引发了媒体界一片骚动，各大头条大肆宣传，要求脸书的工程师必须停止人工智能的开发，以免世界遭受机器入侵。这样的担心完全是子虚乌有，但对头条标题党来说，恰好可以借此大做文章。

实际上，技术恐慌早就不新鲜了。阿德里安娜·拉弗朗斯（Adrienne LaFrance）曾在《大西洋月刊》中描述过人对计算机的恐惧："电话刚出现时，人们怀疑这个设备能否用于跟死者沟通……人们总是对巨大的技术变革满腹狐疑，或者说对任何改变都满腹狐疑。千真万确，改变总是带着一阵阵的焦虑。"[11]

《大西洋月刊》还曾发表过另一篇文章，让1 500人分别对88种事项进行排名，害怕程度从1（最不害怕）到10（最害怕），通过累加统计出最终结果后发现，技术竟排名第二，第一是自然灾害。据统计，死亡也在这 88 种事项之列，排名居中。看来任何确定性的事项，甚至连死亡都要比不确定性好，这是人类未能真正理解人工智能的一种表现。

狭义的人工智能是指解决活跃多变且具有不确定性，同时有具体目标的那类问题。但对于本身就不确定的问题，没有唯一的解决方案。人工智能也会犯错，就跟人类一样，因为它面对的是那些不能百分之百得到解决的问题。回顾一下第二章中对新兴系统的探讨，人工智能是针对新兴问题的新兴解决方案，无论是设备还是人类都不曾停下学开车的步伐，在这个过程中你只会越来越熟练，但永远不可能经历所有可能的情况。不过，你体验得越多，就越相信自己的判断和处理新挑战的能力。

与狭义的人工智能相对，我们把另一种形式的人工智能称为“广义的人工智能”。这是一种把学习能力应用于广泛领域的能力，这里没有具体的目标，因为目标也是学到的。自然广义学习（natural generalized learning）最典型的例子就是人类，人类首先是学会学习，接着再去学习我们想要或需要深入了解的具体领域，然后再设定目标，并调整行为以实现目标。尽管深入探讨广义的人工智能肯定趣味无穷，但我们不打算在这个话题上进行深入探讨，因为我们相信未来 5 年，它在学术界和实验室以外的影响会非常小。尽管如此，区分广义的人工智能和狭义的人工智能还是很重要的。但由于我们对广义的人工智能没有实际经验，所以对它的大部分探讨只能停留在概念层面。

那么，这就又回到了将人工智能应用于自动驾驶汽车领域的话题上。自动驾驶汽车跟人工智能一样，并没有某一特定类型的自主权。

通往自主之路

美国交通部下属的国家公路交通安全管理局（National Highway Traffic Safety Administration，简称 NHTSA）采用了美国汽车工程师学会（SAE）的自动化定义，涵盖了从需要人类全权掌控的汽车（0级），到可以完全自动驾驶的汽车（5级），下面是对 0 ~ 5 级的简单总结。

0级：[从特斯拉 T 型轿车（Model T）开始]人们都是这样学会开车的，由驾驶员全权掌控每个系统。但值得注意的是，即使是 0 级，早在 20 世纪 70 年代就有了防制动抱死系统和计算机化的牵引力控制技术。过去你得学会在车辆发生侧滑时踩刹车，这样才能控制好车辆的平衡。20 世纪 80 年代，这两个系统都成了标准化的安全设备。某些功能以人们难以觉察的方式，让汽车逐渐从驾驶员主导变为车辆主导，这算是一个很典型的例子。

1级：（于 20 世纪 90 年代发明，21 世纪初开始应用）在这个层级有一个或多个系统来辅助车辆转向或加（减）速，如果你有自适应定速巡航装置、车道偏离警告系统或针对行人的刹车系统，那就算处于这一级了。在这一级，驾驶员还是负责全权掌控汽车，相较于汽车本身的自动化水平，你几乎拥有对所有行为的最终决定权。实际上，在任何一级都是如此，最终决定权始终掌握在驾驶员手中。

2级：（于1999年发明，2003年开始应用）从这一级起，事情开始变得有意思起来。有的人已经开始使用这一级的汽车了。如果你有一辆特斯拉，一辆可自行在路边侧方位泊车的汽车，或可以在高速公路上自动沿中间车道行驶的汽车，那就已经是第2级了。在这一级，驾驶员的参与度可以适当降低，手脚可以离开方向盘和脚踏板，让汽车根据环境因素进行转向和速度调整，比如根据与其他汽车和交通流的距离，始终保持在车道内。然而，驾驶员仍然需要随时介入，而且汽车最终还是要服从司机的决定。

比如，根据特斯拉的设计，如果司机转向、刹车或按下加速键让车全速前进，那么车辆的自动制动系统（AEB）就会启用，这应该是好事对吧？然而，2017年3月，特斯拉陷入了一场法律纠纷，被控诉其S型轿车和X型轿车（Model X）在没有司机干预的情况下进入了全速前进状态。[12]

奇怪的是，这起诉讼称问题不在于司机是否拥有最终决定权这个根本问题，而是任由一辆汽车加速到全速前进的状态（即便这是计算机错误导致的），却没有启用自动制动系统，所以特斯拉要对因此造成的任何后果负责。这起诉讼比较复杂的根本原因在于，对自动驾驶汽车的合法区域界定非常不清晰。[13] 那么，特斯拉是应该听从司机的命令，不进行自动制动，还是在车犯错误的时候自行纠正？特斯拉认为目前驾驶员是最终的权威，因此应该负大部分责任。但等我们从 3 级一直看到 5 级，会发现这个政策并不能一以贯之。

3 级：（已经发明，但目前仅限于实验应用）在这一级，控制权从驾驶员手中大幅度转向了汽车。车里依然需要有驾驶员，但在多数情况下汽车的安全性取决于汽车本身。第 3 级还有一个"切换"（handoff）的问题，即在汽车无法继续为安全驾驶做出必要的决定时，需要把控制权交还给人类驾驶员。切换问题可能会是超越第 3 级面临的最大挑战，这个领域的一些专家甚至认为这是一个无法解决的问题，nuTonomy（自动驾驶创业公司）的 CEO 卡尔·亚涅马（Karl Iagnemma）表示：

　　这（五个层级）可能是自动驾驶领域比较费解的概念之一，共有 5 个层级，1 级、2 级、3 级、4 级、5 级这个理念，暗含了从 1 到 2、3、4 是一个自然的渐进，实际上，自动化层级的正确思考方式应该是从 1 到 2，但接下来自然的一步是 4，而 3 级实际上更像是 4 级诸多特点中一个子集或较小的一部分。为了恰当解决 3 级的问题，你真正需要的是一个 4 级系统……对于切换问题目前还没有什么好办法，至少我本人还没想到。而且坦白说，我认为根本就不存在这样的解决方案。

　　事实上，人类难免会受干扰。系统越完善，人类就越不在意，因为他们对系统更有信心，切换要求就会更少。因此，在面对生死攸关的情形时，被临时召唤的人类就更不可能时刻准备好握住方向盘，所有这些就会导致一场巨大的风暴。系统越完善，对人类驾驶员的要求就越高，而同时也更加不能指望驾驶员经得起这种考验。这意味着你真正需要的是一个可以自动驾驶的系统，可能就是4级所暗含的某些操作，但对于其中连自动化都无法按照定义搞清楚的高难度情形，要依靠人类接手控制绝非易事。

　　本章将探讨切换造成的灾难性影响，到时会借一个航空领域的例子继续探讨这个话题。

　　4级：从这一级开始，汽车的自动化程度真正达到了人类所期待的水平。在这一级，汽车基本可以自行处理它打算做的所有事项，但"打算做"这个概念暗示着汽车在遇到意料之外的情况时，可能会出现很严重的问题，比如，轿车的设计并不适合越野驾驶，它遇到的障碍以及接收到的可视信号，也许会大大超出它的评估能力和驾驶能力。

　　厂家把这种可接受的条件范围称为汽车的"操作设计领域"（operational design domain，简称ODD）。所以尽管在ODD内是不需要驾驶员的，但如果汽车发现自己被迫驶离道路，或是驾驶员自己想要驾车通过一片草木丛生的地方，到岩石峭壁边俯视太平洋，就完全超出了汽车的ODD，而需要驾驶员接手了。当然了，不难想象不同的汽车会有不同的ODD，一辆悍马（Hummer）也许可以自动驾驶，轻松载你到达悬崖。如果这让你感到有些不安，别担心，我们会在本章后半部分继续探讨。

5级：现在我们到终点了，这一级的汽车是完全自动化的，至少其表现与人类在任何预知及未知的情境下的表现无异。这里依然还存在一些误解，即到了5级开发出来的自动驾驶汽车，其表现必定要优于人类同行。

目前我们介于2级和3级之间。在人工智能和自动驾驶汽车的发展过程中，这是尤其不稳定的一个阶段。因为在这一阶段，我们必须要确定人工智能和人类驾驶员该如何共存：一方面，在协调分工上对机械而言是一个挑战；另一方面，人们还要面临如何建立信任这个严峻的考验。我们先来看看相对容易解决的机械挑战。

在3级阶段，汽车可以接手，驾驶员不用参与。驾驶员可以自然地放手，不用时刻保持警惕，可以专心地打电话，甚至可以安心地睡着。那么如果汽车需要帮助，该如何通知驾驶员呢？答案很简单，在多数情况下这很难做到。如果情况十分紧急，驾驶员不大可能有足够的时间来评估并快速做出反应。这也是许多自动驾驶汽车厂商想要直接跳过第3级的原因，因为这似乎不是实际会遇到的情况。这种观点并非毫无根据。

想一想，跟新手一起驾车是什么体验，这个第一次驾车的新手可能是你的儿子、女儿或亲戚。你很可能会开车带他们去停车场，然后互换座位，让他们来当驾驶员。你会直接让他们从停车场开到公路上去吗？当然不会，你首先会让他们试着找一找感觉，与此同时你会观察他们的水平如何。这种做法，用本书的话说就是在观察他们的行为。

最终你让新手驾驶员果断行动起来，开上一条开阔的公路，此处我们希望你仔细思考一下这个过程。你住的地方很可能并不直接连接着高速公路，可能必须要沿着小路，或者经过一座小城市或市中心才能驶上高速。相信你（以及他们自己）一定想过："考虑到现阶段的技术水平和行为，哪一条才是最有把握的路？"这样想想，你可能会选择挑战最小的路，进入难度最低的公路。

其实你这是在使用直觉数据模型，进而决定哪一条路发生事故的可能性最低，或最不大可能超出司机本人的能力。如果没有这样的路，那么你这位有经验的驾驶员很可能会在途中亲自开一程。

何不用同样的办法来看待自动驾驶汽车呢？利用复杂的交通地图、实时路况、天气条件以及评级系统等来决定某条道路所需的技能组合，自动驾驶汽车可以轻松计算出在前往目的地的途中，选择不同道路会遇到的各种风险的可能性。大多数人都知道，GPS 会提供最短或最快路线，以及是否走高速路等选择。那么何不给自动驾驶汽车加一个选项，问你是想要全自动驾驶，40 分钟内到达目的地；还是想要半自动驾驶，30 分钟内到达目的地？

安德鲁·科里是 lvl5 的 CEO 兼联合创始人，该公司利用众包的仪表板摄像头为自动驾驶汽车开发 3-D 地图，他这样说道：

> 我们在 5 级努力做到的，就是认识（自动驾驶汽车）走哪些路线更好，我们所做的数据科学研究和统计调查，都是为了确定哪里的覆盖面最好。你可以把我们的工作比作铺设铁路轨道，如果你有一个好的地图应用软件，就能选择在某些路上让汽车按照 3 级（在这一级若自动系统要求，人类驾驶员必须时刻准备好接手车辆控制权）行驶，在其他路上，则可以禁用这一功能。（有地图的话）你就能知道每一条道路的事故发生概率，而且我们会依据数据给出"哪一条路不能走"的科学提示。

这个简单的例子说明，尽管人们很容易把人工智能当作技术霸主，但其实对它更准确的描述应该是一个合伙人（是的，我们称它"人"而不是"物"，有意把人工智能人格化），可以在某种情境下跟我们共同做决定，判断哪种选择最能保证我们的利益。

我们能猜到此时此刻你心里是怎么想的，"运用概率和统计来决定我的命运是个很恐怖的主张"。似乎确实如此，但我们还有别的选择吗？如果是选择待在家还是坐车，那你说的确实一点儿没错，因为选择坐车而卷入一场汽车事故的可能性要比待在室内大得多。不过也不尽然，据统计，美国每年有两万辆汽车撞上了商业建筑。[14]

值得一问的是：哪一种交通方式是最安全的，是由人类驾驶的汽车，人工智能驾驶的汽车，还是两者共同驾驶？答案是，适当结合，具体情况具体分析。如果我们给自己选择的权利，在三者之间灵活搭配，而不是把自己限制在"非此即彼"的答案中，那么在任何时候和任何情况下，我们都可以把风险降到最低。

至此你依旧半信半疑，我们大概也知道原因。这又回到了观念和信任的问题上。我们中开过自动驾驶或半自动驾驶汽车的人较少，对于完全不熟悉的事物所做的决定，人们必然会心存疑虑，这是再正常不过的现象。但是你知道吗？长时间以来，人们对生活中那些复杂程度低得多的技术，给予了充分的信任。0级和1级的汽车已经使用了防抱死制动、牵引力控制、自适应巡航控制、紧急刹车，以及变道提醒等各种计算机控制的功能，对此人们已经习以为常。

迈克尔·弗莱明（Michael Fleming）是 Torc Robotics（自

动驾驶技术研发公司）的 CEO，他与我们探讨了在驾驶员转变为乘客的过程中，他注意到的三种不同层次的体验：

当把乘客带入我们的设备（体验自动驾驶汽车）时，发生了三件事情。一开始乘客坐得笔直，他们满腹狐疑，不确定这是不是真的自动驾驶，有点儿像刚拿到驾照的人坐上车的感觉，不是很确定这辆车接下来要干什么。在第二个阶段，乘客意识到他们和其他驾驶员的水平多么差劲，因为自动驾驶汽车的技术流畅得让人吃惊，它在车道内的（驾驶）表现堪称完美，既不乱插队也没有胡乱摆动。然后到了第三个阶段，在一天快结束的时候人们会感到有些厌烦，因为这样开车实在是太无聊了。所以我们如何让人们经历这三个阶段，让他们更快进入第三个阶段，即开始感到无聊，开始信任这项技术？

我们可以通过另一种交通方式，来更好地说明这一点。人类驾驶员和计算机成功合作的一个的例子就是现代商用飞机。据商用飞机飞行员反映，在驾驶飞机过程中，通常只有 7 分钟时间是没有借助计算机的辅助的。而据空客的飞行员反映，这样的时间仅有 3.5 分钟。[15] 需要澄清一点，驾驶过程中没有一项内容是依靠哪怕稍微能与人工智能匹敌的系统来完成的，这里对人工智能的定义同前文一样，即能从经验中学习。今天驾驶商用飞机所用的计算机全都装有一套有限的指令，一旦遇到突发状况，指令处理不了时，飞机的控制权就会回到飞行员手中。2009 年 6 月 1 日，从里约热内卢途经大西洋飞往巴黎的法航 447 号航班就遭遇了这种情况。

6 分钟的恐慌

2009 年 6 月 1 日，法航 447 号航班其实并没有遇到异常艰难的挑战，只是飞机机载雷达上显示有典型风暴区，而在他们之前途经此地的航班大多选择绕过风暴区。但法航 447 号航班的飞行员对此一无所知，不然，有过 13 000 小时商用飞机飞行经验的机长，绝不会在飞机飞越大西洋时去驾驶舱后面的卧铺小睡一会儿。

但这一风暴有些特殊，其高度达 60 000 英尺，大大超出了商用飞机的飞行上限，等驾驶舱中的两个飞行员意识到风暴的程度时，已经无法避开了。但好在现代喷气机的设计几乎可以应对任何天气条件，在 35 000 英尺的高空飞越风暴区虽非易事，但还完全在飞机和经验丰富的飞行员的能力范围内。然而，当法航 447 号航班进入高耸的积雨云时，飞机遭遇了冰冻，冻结了空速管传感器，空速管的作用是把飞机的速度信息传给电脑和飞行员，飞行速度是最重要的飞行指标之一，如果没有速度信息，无论是自动驾驶仪还是人类飞行员都不能正确操控飞机。

尽管这架飞机是当时计算机系统最精良的飞机——空客330，但在无法获取飞行速度的情况下，机上的计算机自动驾驶功能关闭，控制权交回给了两位飞行员，然而他们也同样无法知道飞机当时的速度。因此，其中一位飞行员试图在不确定速度的情况下保持飞机高空飞行的状态，但他做了一件最不该做的事情：他拉了操纵杆让飞机机首上扬，希望实现爬升，但这个操作恰好让飞机失速。

失速状态下，机翼的提升效果会持续降低，最终导致飞机在拉力和重力相互作用下从高空坠落。飞行员在十分煎熬的6分钟内，进行了各种复杂的尝试，只为重新调整飞机，但最终飞机坠入了大西洋，机上228名乘客和机组人员全部遇难。[16]但令人吃惊的是，在自动飞行功能切断两分钟后，空速管恢复了正常，如果在接下来的4分钟内，飞行员重新调回自动驾驶状态，飞机就能继续轻松地在指定的高度飞行。

法航447号航班的例子说明，在危急状态下，人为错误带来的危害程度令人惊惧。[17]但法航447号航班的例子最令人费解的一点是，遵照"正态法则"（normal law），计算机系统可以防止飞机飞到飞行状态范围之外，这可以有效避免这架空客失速。所以无论驾驶员如何拉操纵杆，计算机都能予以抵消，不允许出现失速。

但在这个例子中，当自动飞行模式停止后，飞机切换到了

"替换法则"（alternate law）状态，这意味着飞行员完全手动控制飞机，计算机没有最终决定权。不幸的是，这竟然是雪上加霜的一次切换。尽管计算机不再控制飞机，但还是发出了失速警告（一个机械的声音提示"失速"，随后发出无法忽视的高音警告），在飞机从 37 000 英尺的高空坠入大西洋的过程中，它至少提醒了 75 次。

法航事件最终归因于飞行员缺乏培训造成操作错误。令人吃惊的是，两位副驾驶飞行员（在整个事故过程中，机长大部分时间是在驾驶舱后的床铺上睡觉）都没有在演习或模拟中练习过在同样的条件下飞行。

从这次悲剧中要吸取的教训很多，例如人类如何与技术互动，如何认识和信任技术，以及人工智能如何与人类展开协作。

法航 447 号航班最明显的问题可能在于，飞行员什么都做了，唯独没有与他们的计算机对话——他们完全忽视了它的提醒——因此关键的问题在于，人类应如何认识技术和人工智能。

20 世纪 60 年代，计算机科学家和心理学家（被公认为计算科学的开山领袖之一，却鲜为人知）约瑟夫·利克莱德（Joseph Licklider）写了在其著作中影响力排名第二的名为"人机共生"（Man-Computer Symbiosis）的论文。其中描述了如果想开发一种人机合作的方式解决难题，尤其是解决类似法航 447 号航班那样的突发状况，人类自己的本能已经不够用，应该与计算机建立一种新的共生关系。利克莱德相信，"很多问题……很难提前想透彻，回想一下前文对新兴系统的描述。如果能通过与计算机合作，由直觉引导进行试错，暴露出推理过程中的错误，或是揭示解决方案中某些意想不到的转折，就能更快、更好地解决问题"。[18]

顺便说一下，利克莱德影响力排名第一的论文，是他在 1963 年 4 月 23 日所写的备忘录，当时他担任美国信息处理处［当时隶属高级研究计划局（Advanced Research Projects Agency），简称 ARPA］第一任董事，备忘录名为"星际计算机网络的成员和分支"（Members and Affiliates of the Intergalactic Computer Network）。他在论文中描述了一个"完全开放的电子公共场所"，[19] 据说他的备忘录启发了 20 世纪 60 年代阿帕网（ARPANET）的发展，而阿帕网最终发展成了互联网。

因此，如果遭遇类似法航 447 号航班那样的危急时刻，利克莱德的共生方法是如何生效的呢？在面对意料之外、不确定、时间紧迫的情况时，最大的挑战在于做出的决定要把伤害控制在最低（想想医生遵守的希波克拉底誓言："首要之务，不伤害患者"），保证成功可能性最高。

作为人类，我们在面对未曾经历的危机时，自然会想到要利用以前的知识和直觉判断，但上文也告诉我们，直觉可能会造成灾难性的后果。其问题在于，人们只有在看到确凿的证据时，才会相信自己的直觉是错的，才会不那么坚持自己的直觉。人们始终相信直觉，毕竟它是"我们的"直觉。对 6 分钟内

75 次失速警告置若罔闻，就是再有力不过的证明了。

而这正是人工智能可以发挥关键作用的地方。我们先卖个关子，借博弈论中的一个著名的问题，来揭示人类直觉有多么狭隘，同时说明人工智能将如何帮助我们解决这个问题。

现在暂时忘却坠毁航班的驾驶舱，随我们穿越时空，回到 20 世纪 70 年代风头正盛的电视节目。假设你正参加一个游戏节目，主持人身后有三扇门，你每次只能打开其中一扇。三扇门中有一扇门后是大奖，包括两人度假旅游和一辆崭新的汽车，另外两扇门后是塑料玩具鸡。你选择哪一扇门，门后面的东西就归你，你当然不想要塑料玩具鸡了。这就是 "蒙提霍尔问题"（Monty Hall problem），其命名源于一个很流行的电视节目《一锤定音》（*Let's Make a Deal*）。

主持人让你选一扇门，你照做了，我们假设你选的是 3 号门。然后主持人打开 1 号门，里面是一只塑料玩具鸡。为了增加节目的趣味性，他接着说："我们一锤定音给你一个选择，是坚持最初的选择还是换其他的门？"哪一个可以增加获得大奖的可能性，是坚持原来的门还是改选另一扇关着的门？

如果你跟多数人一样，认为你们的回答应该都不会对结果产生影响，因为还是相当于三选一。那就错了，确实会有影响，如果你坚持原来的选择，获得大奖的可能性是 1/3。而如果你改选另一扇关着的门，你成功的概率就提升了 50%。没错，你现在一定对这个结论非常怀疑，但可能性绝不是靠直觉来支撑的。

如果三扇门让你觉得困惑，那我们换成 10 扇门，依然只有一扇门后有大奖。你选择一扇门，主持人打开 8 扇门，露出了 8 只塑料玩具鸡，你还要猜猜改选别的门的获奖可能性吗？你原来的选择会成功的可能性是 1/10，而另一扇关闭的门成功的概率则是 9/10（而不是凭直觉的 1/2）。

尽管这看似很荒谬，但获取数据很容易，如果我们模拟一万次蒙提霍尔游戏，得到的数据无疑将支持上述数学运算，你可以自己在各种在线模拟程序上试一试，可以自行设置门和游戏的数量。[20] 这样的模拟程序你做得越多，就越容易认识到行动的正确路径并非直觉认准的那个。

实际情况就是，人们的直觉往往会停留在初始情况那里，而做决定的背景已经发生了变化。人类是很难与快速变化的世界保持一致的，因为我们一旦决定了某种模式，就会非常依赖它。在蒙提霍尔问题的例子上，背景的改变源自节目主持人已经知道了每一扇门后是什么。

现在再回到空客的驾驶舱，刚刚所讲的内容对法航的飞行员有什么帮助？人工智能尤其擅长模拟，可以考虑到众多因素，这是人类在现实中难以企及的。尤其是当时在法航 447 号航班的驾驶舱中，在飞行员承受巨大压力的情况下，尽管他们试图稳住情况，但也只能依照直觉行事，那完全是缘木求鱼。而人工智能可能已经模拟了数百万次那样的情况，少说也有成千上万次，知道决定采取什么样的行动才最有可能成功。这听起来是否像天方夜谭？其实不然。

根据《纽约时报》的一篇文章，"今年（2018 年）夏天，五角大楼的调研机构——国防部高级研究计划署将在飞机自动化方面更进一步，引入驾驶舱机组人员自动化系统（Aircrew Labor In-Cockpit Automation System，简称 ALIAS）。今年，该机构将开始测试能快速安装到军用飞行器上的机器人，这种作为副驾驶的便携式机载机器人，将能说话、倾听、操控飞机，还能看懂说明书"。

模拟发挥的作用非常有意思，其对人类的价值已经得到了证明。实际上，从 20 世纪 40 年代到 90 年代，因飞行员错误导致的飞机事故一直是 65% 左右。飞行领域诸多不可思议的进步，从引擎可靠性，到飞行仪表、人体工程学以及空域控制和管理，都没有改善飞行员的失误率。直到 20 世纪 80 年代，因飞行员失误造成的事故率才开始下降，到 1987 年，降至 42%，现在，大约为 20%。[21]

那么 20 世纪 80 年代究竟发生了什么？技术和培训进步当然功不可没，而另一个被普遍认为最具影响的因素是，高度逼真的计算机飞行模拟程序。这个模拟程序几乎能够非常精确地实时模拟飞机如何对飞行员的反应做出应对。同样也是这一时期，市场上开始出现第一个消费级的模拟程序，最早应用于第二代苹果电脑，后应用于 IBM 个人电脑。

模拟飞行并非 20 世纪 80 年代的全新尝试，早在 20 世纪

20 年代左右它就已经出现了，并且在第二次世界大战期间得到了广泛应用。在那之前，也有比较简陋的固定式飞行模拟器，但其主要用途是在飞行员完成飞机基本操作过程中，帮助其培养方向感和建立信心。20 世纪 80 年代，飞行员利用模拟飞行器体验了各种可能出现的情况、故障以及自身反应导致的直接后果。

现在，假设我们再次置身于命途多舛的法航 447 号航班的驾驶舱内，如果时间可以停滞，让飞行员对当时的情况进行成千上万次的模拟演练，你认为最终出现积极结果的概率会不会大幅提升？这正是机载人工智能所能做的，它不仅十分了解本次航班，而且对类似环境设定下的所有航班都很了解，这不正是我们在第三章中所说的时间膨胀吗？

但这种人机之间的理想合作有一个致命的缺陷，即上文提到的飞行员对计算机发出的失速提醒置若罔闻。实际上，根据从飞机黑匣子中找到的驾驶舱录音记录，飞行员对 75 次失速提醒未做出任何口头回应。我们认为，人工智能和自动装置唯一也是最大的障碍正在于此，即人们并不把技术当作合作伙伴。

假如其中一个飞行员喊了 75 遍失速报警，你觉得他会引起注意吗？主要问题在于，人们习惯了把技术看作与人类相去甚远的事物，同时还无情地避免技术人格化。当计算机还只是个很厉害的计算器时，这样做可能还说得通。但现在，随着人工智能的发展，计算机和设备已经能做出复杂的决定，这些决定就算不比人类好，至少也不比人类差。在这样的情况下还坚持原有的态度对我们非常不利。

这又回到了之前的话题——在某些领域拥有丰富经验的狭义的人工智能。在这种情况下，我们与计算机的对话必须跟人类彼此的对话相当，这里不对该话题做进一步的展开论述。如果驾驶舱失速报警说："皮埃尔－塞德里克（Pierre-Cédric）（整个 6 分钟内主要负责机首上扬的副驾驶），你在无视我的警告，飞机正处于失速状态，且一直在下坠，请马上采取正确行动，让机首向下，或换我来控制，予以补救。"那结局将会如何？

读到上文这段话，对于人工智能呈现人类的行为、音调、行事风格的想法，多数人会嗤之以鼻，甚至感到有些吓人、诡异、不自然，认为那不是一台计算机该干的事。正是这种态度而非技术，削弱了人们与人工智能的共生能力，因为人们不想让它跟人有一样的表现。这几乎与起诉特斯拉允许在启用自动紧急刹车的情况下全速驾驶所描述的情况一模一样。目前已经存在或很快就会出现这样的技术，在一定的参数设置内，人工智能可以比人类更快、更好地做出决定，但前提是人们允许这种事情发生。

一辆全速驶向拥挤的公交车站的自动驾驶汽车，无论它是有意还是无意，如果它有能力停下来，是否能成为允许其全速前进的理由，而依照职业标准或道德标准这是否可以被接受呢？我们不允许司机拆除和禁用安全气囊，因为在极少数情况下那是致命的。但在目前，即便在结果明显会更糟的情况下，我们依然允许驾驶员超控，其原因如下：第一，人们还不确定如何把法律责任从司机转移至自动驾驶汽车；第二，人们害怕技术做出比人类更好的决定。

如果法航447号航班配备了机载人工智能，可以获取这架飞机的基本信息，它就会知道32岁的皮埃尔–塞德里克是三个驾驶员中经验最少的。面对高危天气条件，法航447号航班前面的飞机已经指明了风暴周围的航向，空速管上的冰已经化了，这些为自动驾驶提供了充足的数据，其可以轻松驾驶飞机。

人类和机器的沟通从未面临如此困难的局面。过去，人类和机器的职责界限分明，谁来主导毫无疑问，两者之间从来没有竞争或冲突，因为基于判断来做决定的区域毫无重叠，做决定的往往是人类，机器只是单纯地提供信息，遵照指示。我们人类是最终的权威，因为人类拥有最终的认知优势，机器只是我们有形自我的扩展罢了。现在，它们是我们数字自我的扩展，我们的认知至多也只能与机器相当，在很多狭义层面上，机器的能力甚至远远超出人类的认知。

如果人类和机器共担责任的新模式让你感到吃惊，威胁到了你认为的人类专属的做决定的能力，我们建议你做好准备，因为人类与自动设备的合作将迎来一个更具颠覆性且不可避免的趋势——它们可以归自我所有，而现在这一切还只是开始。

未来的基石

现代社会、自由市场和资本主义的经济基石之一，是个人拥有不可剥夺的财产权。我们身处一个发达的社会，认为这一切都是理所当然的，很少会想到如果没有这种权利，生活该是什么样子。然而，在世界的某些地方，财产所有权要么是一个遥远的梦，要么被政府、军事政变或社会中部分流氓分子剥夺，只有在这种时候，你才会意识到它作为经济稳定、繁荣的基石是何等重要。这里并非空谈，我们中有一位（本书作者托马斯）就经历过政变和军事管制，没有什么比经历财产所有权在一夜之间被剥夺更能让人深刻认识到财产的极度重要性了。

这些和自动驾驶汽车以及数字自我有何关系？我们相信，在构建本书所描绘的未来的过程中，人类面临的最大挑战之一，就是数字自我的保护和所有权的问题。接下来我们要讨论有关创新的话题，将把所有权扩展到数字资本和设备层面，因为它们对 21 世纪经济的重要性不亚于中央银行之于 19 世纪和 20 世纪的经济。

秘鲁经济学家埃尔南多·德·索托（Hernando de Soto）对财产权有过大量论述。他认为，财产权是发达经济体经济发展和繁荣的基础前提。然而，我们在此冒昧地把德·索托的假设扩展一下，稍作修改，让它不仅涵盖有形财产的所有权，还包含人类思想和数字自我的所有权。想要培养开放、合作式的创新，人们需要从根本上改变对所有权的思考方式，尤其是处在一个思想、知识产权、资金以及商品流通如此自由，数字行为的获得如此轻而易举的世界中。

第八章将再次讨论所有权和数字自我的保护问题。现阶段我们试着扩展上述假设，财产权不仅包括不动产，还包括创造性的作品和知识产权，最终会指向一个非常有意思的问题——谁将拥有人工智能的产品或作品？谁拥有数字自我？

回想一下航空业的例子。显然，每一位对那生死攸关的6分钟有所耳闻的飞行员，以后但凡听到失速警告，必然会联想到法航447事件，因此分享和学习那次事件的教训十分重要。这也是为何这一事件并非法航的私有财产。将之视为某一航班的知识产权不仅不合常理，而且有悖职业道德。但如果将其换作人工智能在做出决定时所用的知识库呢？

空中客车（Airbus）是否应该与波音分享其人工智能算法和决定？美国航空公司和美国联合航空公司是否应该彼此分享？特斯拉和通用汽车这些直接的竞争对手之间，是否应该彼此分享其人工智能研究的成果？一家拥有人工智能、可以给社会带来更大福利的公司，是否必须要把自己的人工智能研究成果授权给其竞争对手？

就目前而言，美国的版权法的确提供了一些基本法则供我们参考：

503.03（a）由非人类作者创作的作品。

符合版权申请登记的作品须由人类作者创作，通过机械过程或任意筛选诞生的、无人类作者参与的作品不满足版权申请登记条件。

该规定可能对出版作品有所帮助，但人工智能做决定的过程及其所用的数据可能永远无法发布，只能存在于人工智能内部。所以，问题还是没有解决，谁将拥有人工智能某一具体应用领域的知识库？

未来，随着创造毫无争议的数字记录方面能力的发展，所有权的定义会发生重大变化，所有权将可能属于任何实体，包括人类、设备、机器人或人工智能。

这听起来可能无异于天方夜谭，但明显已经有一个先例了——法人。法人很显然不是人，但1886年，美国法庭做了一个具有里程碑意义的决定，将法人视为法律意义上的"自然人"。法人如果触犯法律也要承担责任。我们认为它们也拥有市民和人格化的义务，甚至还有价值。然而，公司的股东是受保护的，免于承担法律责任和诉讼，也就是所谓的"公司面纱"（corporate veil），将公司实体与公司所有人的法定责任区分开来。[22]

法人作为一个独立的法定实体存在，其目的十分明显，把股东的责任限制在其投资额度内，为他们面临的不利局面设定上限，同时也为有利的一面保留了无限空间。如果在2000年夏天你以 90 美元的价格购买了安然公司的股份，到 2001 年 11 月，你已经损失了 98% 的投资。但你绝对不会跟安然的高管一样，落得锒铛入狱的下场。直白地说，如果你做了违法的事情，公司面纱也保护不了你；但如果你仅拥有某公司的股份，该公司的任何不当行为都不会导致你获罪。

那么，同样的思维和权利为什么不能应用于数字实体呢？难道从法律层面看，自动驾驶汽车不能成为"自然人"？如果那会让你感觉不自在，可能是因为人们相信，自动驾驶汽车或智能数字实体其实都可以做决定，公司却不能；只有运营公司的人才能做决定。其实也并不尽然，假设你买了一个复杂的产品，倘若产品有瑕疵且可能会对你造成很大的伤害，但由于其复杂性几乎不可能把问题归咎于任何一个人。例如，福特汽车公司的供应链包含 12 100 家公司，分布于 60 多个不同的国家，生产超过 130 000 种配件（这些还只是汽车配件，不包括福特自身运营所需要的部件、供应及服务）。在很多情况下，确定到底是谁的错非但不容易，而且不切实际。所以归根结底，是公司需要对错误负法律责任，对造成的任何财务损失或人身伤害给予赔偿。

如何把这种责任和义务转移给自动驾驶汽车或智能设备呢？它们不能拥有任何东西，不能给自己上保险，也无法承担法定责任。最近开发的一项技术或许能帮我们找到答案。有了这项技术提供的机制，所有拥有数字孪生体或数字自我的事物面临的上述问题都会迎刃而解，这项技术就是区块链。

信任的基石

这个话题如果让你有些走神，我们并不意外，因为这正是大多数人对区块链的反应。由于听起来太偏技术用语，他们往往低估了其影响。毕竟，如果区块链真的很重要，其价值应该很容易被理解。曾几何时，人们对互联网也有同样的看法。解释区块链最大的挑战在于，从用户的角度看，它本身是隐形的技术。就像人们看不到用于存储计算机应用信息的数据库一样，我们也无法看到区块链。但是，其在塑造未来数字资本和实体资本所有权方面的潜力已经开始显现。

说到区块链，通常会提及比特币和数字虚拟货币（我们将在第八章进一步讨论这些话题），因为区块链和虚拟货币与如何保护数字自我有一种非常具体却出人意料的关联，但长时间以来，虚拟货币只是区块链的一个应用。眼下，我们要先看看区块链对数字资本所有权这一根本挑战的影响。

区块链是一个数字文件，用于记录用户在某一区块的公共密钥和交易。只有拥有相应个人密钥的人才能获得区块，公共密钥和个人密钥都是加密代码，用以区分一段数据的所有人。区块可以记录任何数字资本或某一特定实体资本的链接。区块以节点的形式存储在一个广泛的计算机网络中，称为 P2P（点对点）局域网。P2P局域网的优点在于，它是高度分散的，遍布于成千上万甚至数百万的计算机。这就提供了备份，具备人们常说的"自我纠正"或"自我愈合"能力，意味着网络中即便存在一个或少数节点的错误或硬件故障，其他区块链中存储的数据的完整性也不会受到影响。

区块链的完整性也在于其特殊的记录数据加密方式——哈希算法（hashing algorithm）。这意味着，区块链所引用的任何信息绝不会无缘无故发生改变，一旦有变化马上就会显示出来。对于区块链机制的话题还可以深入探讨，但那不是本书的目的。不过我们必须要说明一下对哈希算法的基本理解，以便你们对幕后情况有一定的了解。

区块链中会用到一种算法，叫作SHA-256（安全哈希算法-256）。是说无论使用哪种来源的文件或交易，都可以用一种独特的、有固定长度的字母数字字符串来表示，实际应用中是这样的：以这本书的名字为例，《隐藏的行为：塑造未来的7种无形力量》如果用哈希算法的话，就变成了"9be39603a405eabbe8aaaec8f2cf086e"。

这个独特的字符串就是用于识别书名的散列。为了向大家展示它有多独特，假如我仅在冒号后加一个空格，《隐藏的行为： 塑造未来的7种无形力量》，散列计算的结果就变成了"c98fd53e159c5be029dbb1c01411c489"。

你会注意到，两个结果相去甚远。实际上，无论用哈希算法计算的文本有多长，哪怕长到是这整本书，还是会用同样数量的字符来创造一个独特的散列，比如，如果我把本段第一句话按照这个原则进行散列计算，得到的结果是"5e6c32cd3f97e37ab098de0207c433f9"。

哈希算法并非加密，而是单向行为，意味着你不能通过倒推得出创造字符串的文本，然而，哪怕我仅仅改变本书中一个简单的标点符号，其哈希值可能就会截然不同。

这个技术非常酷炫，但相比之下，区块链的作用比它本身的作用原理更重要。区块链能为你可能在其中占比的事物的所有权、出处及规则，提供确定无疑、牢不可破的数字记录。这一毋庸置疑的所属关系链，就是讨论区块链时人们通常会说到的合同，即由区块链支持的进行交易的合同。

简单说来，假设你在网上做交易 —— 比如你要买一个产品，通常情况下，这一宗交易会被存储在云端服务器中某一数据库里，可能会有备份，但还是有一个主要的存储空间，这种集中式方法的风险就在于，如果你的交易记录被篡改，或因为种种原因被修改，导致其被破坏或是不可用了，你就失去了这宗交易发生过的证明。而区块链是在分布广泛的计算机网络上存储交易的，只有在整个网络都认可的情况下，交易才是有效的。[23]

利用多种不可思议的计算机密集型算法，为一个数字交易创造一个独特的身份，然后在这一分配的网络（也叫分布式账本）中存储相应的信息，这一交易适用于所有不可变的意图和目的。因为整个区块链存储在网络中的每一个节点上，公众区块链需要付费。对那些量小的应用，比如数量级在千以内或万以内的交易来说，这是行得通的。当涉及上百万的交易时，可以用企业级的区块链框架，比如微软的 Coco（企业级开源区块链基础平台）[24]。

使用区块链主要有两大益处，一个很明显，另一个则不然，而正是那个不怎么明显的益处为区块链带来了最好的前景。

第一个益处是你会拥有一个虚拟防弹地窖，可以在其中存储任何交易或跟交易相关的数字信息，包括数字孪生体的实体项。第二个益处是区块链消除了中间机构，交易可以在完全不相关的两方之间进行，两方除了对交易的完整性十分信任外，也许对彼此一无所知。因此，对彼此一无所知的各方才能对有价值的东西有拥有权，无须集中管控。要想真正理解最后一句论述的颠覆意义，想想纽约金融交易所，不再需要交易所、经纪人或证券交易人；无须财政部、中央银行授权的货币；无须银行家的抵押贷款。这些场景听起来可能荒唐不已，但我们在第八章会介绍，这一切其实正在上演。

注意，我们说的是所有权占比，而不仅仅是所有权。区块链大大改变了我们对所有权的认识，把焦点从隐匿、秘藏、保护的观念，转向了披露、分享、传播的概念。不妨想象一下，在写作本书的过程中，每一个脚注、参考、有据可循的引用、案例都是区块链中的一个合同，从概念层面看，这意味着每次有人买这本书，书中引用的所有个人和实体都理应成为该过程的一个构成部分。

这样做能让经济价值流在最精细的层面上实现民主化，如果你持有一千个价值创造实体的股份，你可以从每一个实体中获得潜在的收入。你的雇主现在也变成了区块链，只不过这个区块链不像公司那样是实体，而是一个可以建立信任和交易、产生尽可能少的摩擦力的算法。

关于把这种转变推向更多合作领域的话题已经持续一段时间了，在音乐领域已经采用了类似的机制，艺术家可以根据其对某一作品做出贡献的大小分享版税。不错，在这种情况下，合同是人为制定并授权的，存储在实体或电子文件夹中。

与此同时，更加良好的协同合作趋势将更为普遍。不妨想想，如图 4.1 所示，在 20 世纪上半叶（1901—1949 年），70%的诺贝尔物理学奖、诺贝尔化学奖和诺贝尔生理学或医学奖都授予了个人，在 20 世纪下半叶（1950—1999 年），这个比例反转了，66% 的奖项授予了团体（多人）。在 21 世纪前 17 年，这些诺贝尔奖的 88% 授予了团体。[25] 此外，德尔福集团（Delphi Group）做了一项面向 600 人的研究，其中 20% 的参与者表示，专利毫无用处；74% 的人表示，需要对当前的专利系统进行彻底整改。

（％）

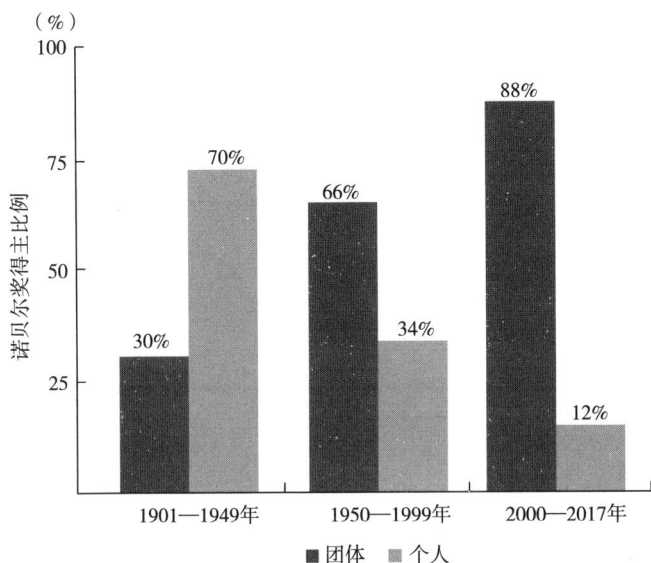

图 4.1　诺贝尔奖（物理学／化学／生理学或医学）得主比例：团体、个人

图 4.1 说明：相较于个人，授予团体的诺贝尔奖数量稳步上升，从 1901—1949
年的 30% 上升到 2000—2017 年的 88%。

通过推动无摩擦力合作，区块链很有可能像 20 世纪的专
利法一样，加快 21 世纪的创新。但在某种程度上，既能让贡
献了好主意的个体（人或机器）保护自己的权益，同时也让这
些想法更加透明，以便以一种过去难以想象的速度和规模相互
促进、共同发展。

此外，关于前面讨论的专利和版权仅授予人类作者创作的
产品，无疑给专利和版权所有权问题增添了许多障碍。但这个
障碍不会永远存在，就连越来越多的专利律师也认为，不能再

继续现状了。专利律师瑞安·阿博特（Ryan Abbott）在《波士顿学院法律评论》（*Boston College Law Review*）上发表了一篇文章，他认为：

> 创新革命近在眼前。几十年来，人工智能一直在推出创新产品，如今呈指数型持续增长的计算能力正把创意机器从新玩意儿变成经济发展的主要驱动力。计算机即将取代人类发明家，成为新发明的主要来源，这种创新的新气象指日可待。

计算机已经开始创造艺术作品、制作原创音乐，甚至开始发明产品了。一台运用双神经网络的计算机——"创意机器"——发明了欧乐-B（Oral-B）交叉刷头硬毛牙刷。然而，该样品的所有权并不属于这台机器，而是属于设备的发明人——计算机科学家史蒂芬·塞勒（Stephen Thaler）博士。[26]

为什么人们愿意授予非人类的人工智能实体所有权呢？像公司能够拥有资产一样，它能够创造价值、缔结合约、接受义务、进行投保，并允许价值流在其他个人和非人类实体之间流动，优化资源的使用。实际上，人类要顺利把人口规模增加到100亿，效率的提高是必不可少的，而我们认为区块链可以最大限度地提高效率。

广泛分布式的未来

我们以优步为例，来把所有权和效率的概念解释得更加通俗易懂。今天优步依靠车主为客户提供共享乘车体验，这种模式的工作原理在于，对很多车主来说，他们车辆的平均利用率只有5%[27]，存在着巨大未开发的潜在价值和资源浪费。而优步模式的伟大之处正在于此，它既撬动了潜在资产和人员，又满足了现代城市生态系统的基本需求：无摩擦力运行。现在我们要把区块链和自动驾驶汽车用于这种模式。

多数人试图把优步模式改用到自动驾驶汽车上，很自然的倾向是想象优步大量购买机器汽车，但其实那只是延续了工业时代的所有权模式。可以想见，一排排看起来一模一样的优步汽车，让我们又回到了"不管什么颜色的车，只要是黑色就行"的时代。从资源利用的角度来说，这当然更高效了，因为汽车不再是95%的时间一直闲置在车库中或停车场了。但我们还需要一个有雇员、管理层、办公室和设施的公司才能构成这个模式。此外，竞争的环境也需要有一定的限制，因为需要大量的初始投资才能有效与优步的规模抗衡。

相反，倘若自动驾驶汽车是非人类的合法实体，很多人都持有其股份，就像公共法人一样有很多所有人，是否可行？我们需要想想这为何行不通。我们猜你能列出的原因应该包括：私家车因为无法实现规模经济，所以算是更为昂贵的资本；自动驾驶汽车无法自行检修；如果驾驶员不高兴了，不知道该去投诉谁。当一辆车不能再使用时，它会面临什么样的命运？如果汽车卷入了车祸，该怪谁？

有了区块链，以上种种担忧就不是问题了：它让汽车彼此配合，结合购买力、影响力、规模经济；让其他人类或非人类实体（比如汽车修理铺）可以进行自助服务交易。当自动驾驶汽车的服务价值低于盈利的临界值时，它甚至可以售卖自己的零件，并把收益分给其所有人。而且跟人类一样，它也可以有保险和基金，出现故障或需要承担法定责任时，可用于偿付相关费用。

根据某种自动驾驶汽车的盈利情况，你可以根据车辆的最佳表现，把你的股份从一辆车转到另一辆车。大量汽车合力创造属于它们自己的自动驾驶汽车公司，建立备份以便为所有者提高边际利润和回报，它们甚至能建立自己的品牌形象。

至此你会开始看到，区块链是多么激进、颠覆的一股力量。简言之，它就是社会和经济变革的构成元素。

如果把区块链的所有技术行业术语一一剔除，剩下的就是基于本书开篇所述的简单概念的商业运行新方法。每一个人、每一件产品、每一个组织以及设备都不仅存在于真实世界中，同时还存在于数字世界中。在真实世界中可能要遵循物理定律，摩擦力是每一种运动和行为的必然组成部分。然而在数字世界中，却没有摩擦力。这就为无摩擦力交易的新时代打开了大门，这也正是我们揭示隐藏的行为这一征程的下一站。

第五章

摩擦和工业时代的终结：行为如何重塑企业

"毁灭机械的不是运转，而是摩擦。"

——亨利·沃德·比彻（Henry Ward Beecher）

大规模生产和通用零部件并非亨利·福特（Henry Ford）所创，这两项发明要比福特 T 型车（俗称 Tin Lizzie）的发明早 100 多年。就连流水线也不是福特的发明，兰塞姆·E. 奥尔兹（Ransom E.Olds）和凯迪拉克汽车公司在他之前已经开始使用复杂的通用零部件和流水线制造工艺。

福特的创新其实极其简单，因此在许多历史书籍中并无记载。福特面对复杂的汽车装配问题，就像工程师碰到了结构复杂的机器，两者在本质上都是由成千上万灵活的构件组成的，于是他开始着手减小导致机器工作效率下降的阻力：摩擦力。

福特曾去底特律的肉类加工厂参观，看到高架输送器把要加工的肉传送到工人面前，而他工厂里的流水线也是同样的工作原理——"活儿来找工人"，而不是"工人去找活儿"。福特进一步完善了其流水线，把摩擦力降到了最小。他发现通过控制流水线的速度，能够得到既保证质量又能避免错误的最佳速率，从而控制工人的产量。

作家 E. L. 多克特罗（E. L. Doctorow）这样描述福特："他想到了把汽车装配流程细化为最简单的步骤，再傻的人都能胜任这样的工作……如此一来，工人的脑力负担就减轻了。安插销的人不用负责装螺母。"

这些在今天看来已经过时了的原则，却让福特发展了工业化制造理论的终极主张，即不仅最终产品的构成件是通用的，就连制造产品的工人（不论男女）都成了可互换的通用件。[1]

福特获得了巨大的成功。他从 1913 年春天开始实施工厂流水线。流水线上生产的第一个部件是磁电机线圈总成。在此之前，磁电机线圈的装配从头到尾都由同一个工人完成，用时 20 分钟。一个熟练工人每天能够完成 35~40 个线圈的装配工作。福特把该装配工艺细分为 29 个具体的步骤，每个工人只负责完成其中一个步骤，这样一来，制造一个磁电机线圈的时间缩短为 13 分钟。[2]

福特随后将流水线的理念应用到了发动机和发射器的装配上。第一条移动流水线于 1914 年安装完毕。此前，装配一辆汽车需要花一个工人 728 个工时（43 680 分钟），而采用新系统后，安装一辆福特 T 型汽车仅需 93 分钟。[3]

福特的流水线系统成效显著。在福特胭脂河工厂（River Rouge factory）内，车门内板环节的工人对于如何将车门安装到汽车底盘上一无所知，那是负责"下一个流水线环节"的工人的工作。

紧随福特早期的创新，弗雷德里克·温斯洛·泰勒（Frederick Winslow Taylor）很快制定了一套科学的工业操作管理原则，试图实现工人与工作之间近乎完美的配合。很快，关于"时间－动作研究"（time-motion study）的科学诞生了，雇主们开始给员工拍摄各种各样的动作分解照片，以便了解钉一颗钉子到底需要锤几下，用扳手把一个小部件的两部分拧在一起需要拧几下。这样做的目的就是实现效率最大化，摩擦力最小化，不浪费一分一秒，一个动作。

为什么要在一本讲述 21 世纪工业革命的书里重述福特的发展历程？因为 20 世纪几乎所有的组织和机构采用的均是工厂模式，必然有其存在的必要性，而这一点很容易被人们遗忘。工厂模式能高效利用人力资源，对产品质量进行标准化控制，还能降低生产成本，这些都是其获得成功的重要因素，但工厂自动化模式的盛行还有一个更为重要的原因。

20 世纪最严峻的挑战是，要建立一个能够实现大规模生产的工业中心，从而满足发达国家迅速膨胀的人口需求。20—21 世纪，世界人口迅速增长，新增人口数量比历史人口数量的三倍还多——在短短 100 年的时间里，世界人口从 15 亿增长至 61 亿。[4]

在全球市场以前所未有的速度高速增长的背景下，唯有通过只生产黑色汽车这种千篇一律的模式，才能达到满足世界人口所需产品和服务的规模。然而，定制化是工匠精神的标志，是无法实现规模化的。因为世上的工匠并不多，人们也培养不出足够多的工匠，这正是导致 19 世纪末至 20 世纪初多数权威人士对下一个世纪存在误解的原因。

　　传闻梅赛德斯推测，无论何时，汽车的需求量最多不超过培养出的司机人数。这在今天看来或许有些可笑，但放在当时却不难理解。如果我们今天要推测未来的汽车需求量，你是不是也会把 16 ~ 18 岁的准司机作为一个衡量标准？然而这就像自我安慰一样荒诞不经。现代计算机之父们也有过类似的推测。1943 年，IBM 公司总裁托马斯·沃森（Thomas Watson）曾说："我认为全球市场对计算机的需求量不过五台。"数字设备公司（Digital Equipment Corporation）是 20 世纪七八十年代最著名的计算机公司之一，其创始人肯·奥尔森（Ken Olsen）在 1977 年也曾说："人们没有买家用电脑的理由。"

　　工业时代模式的问题在于，增长已经开始逼近极限。倒不是存在什么根本性的问题，工厂仍需提升效率和生产力。虽然近 50 年来人口增长速率有所下降（见图 5.1），但随着发展中国家越加频繁地参与全球经济，我们的生产能力和规模也必须随之提升。工业模式面临的挑战在于，人们不能一直凭借经验来提升规模。

　　工业模式对人们的世界观有深刻的影响，以至于人们无法超越工业模式的思维，无法想象当世界从全球化过渡到个性化时，将会出现多大的变化。这种转变并不意味着人们无须再继续提升产品和服务的规模，而是要重新定义规模，把规模化生产变为"规模化创新"。后者需要的就是大规模实现超个性化的能力，以及从现有商业模式转向行为化模式。

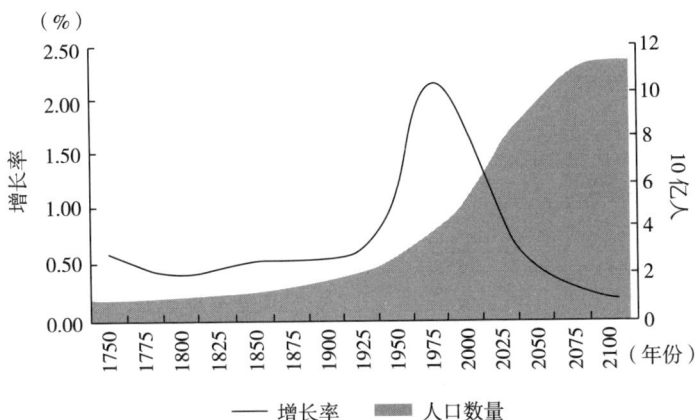

图 5.1　1750—2100 年全球人口及增长率 [5]

图 5.1 说明：截至 20 世纪 70 年代末，世界人口的年增长率达到峰值——21%，随后稳步下滑，预计全球人口将在 21 世纪初达到峰值，约为 110 亿~120 亿人。按照目前的预计，全球最大的承载能力大约就在这个区间。但这个区间是基于工业时代模式下对能源、自然资源的使用，以及环境、医疗、卫生等条件得出的。据联合国预测，到 2100 年世界人口上限将达到 170 亿。

"大规模超个性化"是指在规模化制造和销售产品的同时，让个体拥有超个性化的体验。不过要大规模提升个性化有一个重要的前提，那就是所有企业必须共享一个数字生态圈，这是共享的根基。

数字生态圈

商业生态圈并非新概念。任何需要合作伙伴、供应商，或在产品设计、开发及传播过程中存在共同利益合作网络的行业，都必须建立一套能够实现行业参与者共同协作的规则和机制。但这些生态圈的问题在于，它们是自然形成的且彼此间缺乏关联，没有经过特别的设计。

最典型的一个例子就是汽车。以目前的生产速度和需求量，预计到2050年，全球的汽车数量将突破200亿辆，达到250亿辆。到那时，限制发展步伐的将不再是工厂，因为要实现这个产量规模并不难。真正的阻力是汽车会给城市交通、能耗、安全以及环境等造成的影响。

在探讨数字生态圈模式的益处时，汽车是一个非常有意思的例子。汽车作为更大的实体和数字生态圈的组成部分，自身并未与局部环境发生任何有意义的交流。如果让你回想一下，到目前为止，哪次科技进步给驾驶体验带来的变革最大，答案无疑是引入实时GPS，让汽车与其所在的生态圈大环境实现智能关联。

但为何要止步于此？我们生活的世界，尤其是城市，很大程度上是围绕交通系统建设的。公路、路口、交通信号灯、环岛（对波士顿的读者来说是环形交叉路）、购物、餐饮，这些都是自然形成的生态圈的组成部分，这个生态圈结构松散且缺乏关联。然而，城市及交通生态系统的每个组成部分都会产生摩擦力，这些摩擦力将影响每个人的体验。那么，如果消除这些摩擦力会怎么样？

一旦消除所有的摩擦力，整个行业甚至整个生态圈将面临惊人的变化。我们来回顾一下优步的例子。优步改变的不仅是人们在城市中的交通出行方式，而是真正地让城市发生改变、实现转型。优步通过其应用程序收集了大量实时行为数据点，因此能够对城市层面的行为有所了解。

掌握了人们的数字行为、出行需求、消费情况、生活方式、购物及就餐的时间和地点，以及人们使用优步的 20 亿次乘车记录等信息，优步得以了解数字自我的行为如何促进整个生态圈及其参与者效率的提升。如今它建立了一个名为"运动"（Movement）的数据平台，先对驾驶员的行为习惯进行匿名处理，然后把数据提供给城市规划者。这只是一个很小的进步，未来这些数据还将成为整个城市信息网络的组成部分，为创造个性化的个人交通出行体验，以及最大限度减少对交通拥堵、能耗、车流量及安全等的整体影响提供智能支持。[6]

这就是我们探讨的开放式数字生态圈（见图 5.2），在这个系统里各式各样的智能设备、基础设施和数字自我会相互交流，目的是最大限度地提高生态圈的整体效率，优化个人的超个性化体验。

简言之，数字生态圈由一系列组合有序、持续沟通的设备，通过数字化方式将企业和消费者相互关联构成。数字生态圈有四重价值：

开放

私人汽车
无关规模，效率较低
个性化程度高
生态系统一体化程度最低

智能城市
最大规模下效率高
在多元生态系统中体现个性化
生态系统一体化程度最高

组合

专属

公共交通
规模越大，效率越高
基本无个性化
生态系统一体化程度稳定

共享乘车
中等规模下效率高
在单一生态系统中体现高度个性化
生态系统一体化程度较高

封闭

图 5.2 数字生态圈

图 5.2 说明：可以用两个基本维度来定义数字生态圈，其一是在整合设备和技术方面的开放程度，其二是各类参与者的组织有序程度。图 5.2 展示了在数字生态圈模式下，四种基本的交通生态系统。最富于变化、高效、成规模的生态系统，对各种技术和设备高度开放，且拥有一个组织有序的参与者群体。

1. 减少了参与者彼此间的摩擦力。

2. 凭借生态圈内收集的行为数据，为客户带来超个性化体验。

3. 实现行为数据网络的透明化，预测服务市场并随之发展变化。

4. 根据各组成部分之间不断地智能沟通与彼此了解，生态圈能够不断学习和演变。

上述第三和第四重价值，是数字生态圈最重要的价值，也是它与不能观察、学习、决策，自然形成的生态圈的关键区分点。这听起来似乎有点牵强，但本章后续内容将举例说明，这一切究竟是如何实现的。

数字生态圈最终将赋予人们一个新选择，替代扩大商业规模所需的传统工业时代价值链，但前提是连接到数字生态圈的平台上。以苹果应用商店为例，如果能有效利用这个平台，你就能获得巨大的价值，这个价值不仅来自销售应用程序本身，还有无数便于消费者操作的应用内购买服务。尽管这是一个封闭编排的生态圈——苹果控制着进入该生态圈的应用程序，但不可否认这仍是一个非常有效的生态圈。

数字生态圈的业务模式之于行为商业，就如同无线电通信之于全球化。二者的共同点在于都创造了一个通用的基础平台，让人们能去创造价值，进行差异化竞争。

二者的差别在于，数字生态圈的交流并不流于表层，它对透明度和信任度都有较高的要求，直接影响企业如何打造产品、服务和客户体验，甚至围绕客户体验重塑自身。具体就本书的主题而言，也就是如何满足每位客户的个性化需求。因此，数字自我的概念作为连接实体和数字的桥梁，对实现数字生态圈中的众多实体之间的交流至关重要。

数字生态圈是行为商业模式的重要组成部分，其背后的根本原则在于，每个个体都有商品化无法满足的个性化需求。换句话说，如果数字生态圈无法对客户行为给予反馈，那么观察剖析那些行为对企业而言毫无价值，对客户也毫无意义。

此外，就降低风险而言，数字生态圈的益处也显而易见。工业时代的商业模式要耗费大量精力管控风险，在这样的模式下很难确定单个交易的风险程度。因为风险并非个性化的，而是叠加的。应对这样的情况，唯一的选择就是通过所有交易来分散风险。

这里我们以汽车保险和假设的风险情形为例。假设目前你的车险取决于车辆价值、车库、年里程数，以及你的驾龄和驾驶事故记录。你每年向 X 保险公司支付保费，而 X 公司会基于其所有客户的合计风险和保费，在保障其盈利的系数的基础上计算你的风险。这意味着即便是单就某类风险而论，部分人的风险仍会高于其他人。

那么，如果能根据每次出行选择路线的风险进行投保会是什么情况呢？如果能够根据道路状况、事故记录及车辆性能向驾驶员（或自动驾驶汽车的所有者）提供选择会如何？路线甲耗时 20 分钟、花费为 5 美元，而路线乙耗时 25 分钟、花费为 2.5 美元，路线丙耗时 45 分钟、花费为 0.25 美元。同时，存在较短的路线反而花费更多的情况，或者同样的路线，其花费因驾驶员而异的情况。这样就实现了因情况而异的超个性化风险。保险公司仍将通过风险认定来确保利润率目标的达成，但车辆所有者将能根据自己的要求来选择不同级别的服务。这样得到的就是一个共赢的结果，因为即便是一个高风险驾驶员也能选择较低风险的路线。但必须通过本章所述的数字生态圈，才能大规模实现这种景象。

事实上，评估风险最好在个人层面进行，然而工业时代模式注重的是规模化，没有实现个人风险评估的行为数据、能力和资源。

随着各行各业日趋复杂化，我们相信 21 世纪后期对经济增长的最大贡献之一，是通过超个性化商业模式下的全新零摩擦数字平台，成功实现各行各业的重建。

不过，数字生态圈有一个缺点。如果留意你就会发现，我们用了"重建"而非"逐步完善"或"重新设计"。那是因为各种迹象都表明，无论是从经济还是效率的角度考虑，重建的速度要远远超过重新设计。根本原因并不是缺乏创新的远见和抱负（正如第一章开篇所述），而是必须完成从工业经济时代的规模化业务模式，向能够响应市场个体消费者需求的模式过渡。这就像一座老房子，其根基、管道和电路系统都已经老化，屋顶简陋，木料腐朽，相比重建，翻新需要花费的时间和金钱投入更大。如今，许多勉强支撑这些老旧行业的系统可能都将难逃同样的命运。

一旦成功实现向数字生态圈的转型，各行各业将迎来一系列全新的机会。数字生态圈不仅让行业摩擦力减小、创新增多，而且创造了机会，在产品生命周期内捕捉行为，从而打造出适合每一位客户的新服务。实现数字生态圈转型后，公司的潜在市场空间将被重新定义并得到极大拓展，同时还会简化和降低公司实现某一目标所需的投入，这个目标可能是以最快或（对你而言）最舒服的方式让你从 A 点到达 B 点，或是把一个城市的交通碳足迹降至最低。

生态圈的概念并不仅局限于汽车。例如耐克、乐高、飞利浦等公司，都是以简单的产品（耐克鞋履和服饰、乐高积木、飞利浦灯泡）为根基，创造出极其丰富的数字商业生态圈和层次复杂的数字平台。

这些例子都有一个重要的共同点——这些公司的潜在市场历来划分明确。其生态圈局限于品牌、客户对产品的体验、合伙人及销售渠道。

传统生态圈的运作方式限制了公司和品牌的深度与参与度。就像一辆只能在美国 50 个州中的某个州行驶的汽车一样，它不能跨州行驶，因为各州的道路系统、基础设施和专用燃油不同，运行的机制仅支持当地车辆。这听起来或许非常荒谬，但这与公司在尝试跨行业发展过程中面临的局限非常类似。而实际情况甚至更糟，因为公司纷纷着眼于各自行业的最佳实践，却忽略了对于类似的问题和挑战，其他行业或许有全新的解决方案。

尝试从其他行业的最佳实践中寻找新用途并非什么新鲜事。其中最典型的例子就是欧文·玛格罗兰（Owen Maclaren）

1965 年制造的婴儿车（对，就是婴儿车）。玛格罗兰既是一位航天工程师，也是第二次世界大战中标志性喷火式战斗机（Spitfire）的试飞员。他注意到女儿使用的婴儿车非常笨重，于是创造了第一辆可折叠、可堆放的便携式婴儿车，如今已经成为普及甚广的产品。二者有何联系？喷火式战斗机是首批起落架可折叠收缩进机翼的战斗机。

当然，这些全是精彩的趣闻，但都是偶然事件，相互之间的联系也毫无规律和缘由可言，没人会靠误打误撞来经营企业，对吧？

然而在数字生态圈中，你能利用近乎无限的机会，轻松建立并拓展这类联系。你所从事的行业不必非要贴上某一标签，创新的机遇也不再局限于过去。对机构而言更是如此，随着数据驱动不断深化，很快会进入下一章要讨论的数字化的五个阶段。

耐克所在的行业并非鞋业，而是运动、健身和健康行业。耐克利用简单的产品——算不上是高科技的鞋子——使之成为数据驱动、以体验为导向的生态圈的核心，在这个生态圈中，让客户体验更加美好、健康、积极和愉快的生活。同样，乐高不仅是在销售塑料积木，而且是在发展益智娱乐行业。飞利浦提供的也不单是灯泡，而是在创造家庭体验。

接下来我们将以飞利浦为例，具体描述数字生态圈能带来的五个不同层次的价值。我们将这五个层次称为价值创造链。[7]

第一个层次 —— 实物

以飞利浦为例，实物［即 LED（发光二极管）灯泡产品］是价值创造链的第一个层次。一个灯泡带给用户实实在在的直接益处是照明。灯泡是实物，因此会受到场所的限制，只有在直接使用环境（如办公室、厨房或卧室）中，才能带来第一个层次的价值。

第二个层次 —— 传感器

在第二个层次中，借助传感技术和执行元件，实物便拥有了计算技能。传感器对场所数据进行测算，而执行元件负责提供服务，从而为用户带来洞见和回馈。

例如，安装在微波炉 LED 灯中的传感器能持续感应人员在场情况，而且成本不高。当检测到有人在场时，执行元件会自动亮灯，当人离开时又自动熄灭，从而在使用场所实现其价值。智能 LED 灯泡不再需要单独的移动检测器原件来检测是否有人在场，无须用户多花一丝力气就实现了灯泡价值的显著提升。灯泡现在具备了捕捉行为的能力，但由于用户换灯泡时并没有感觉到任何不同，因此通常无法察觉灯泡的这种能力。不过，这个灯泡仍然不够智能。

第三个层次 —— 连通性

连通性让数字生态圈有趣起来。第二个层次的传感器技术和执行元件连接网络后就可实现全球访问。通过内置的无线模块，灯泡就能以低到可以忽略不计的成本，把自身状态传送给全球各地的授权订阅者。在第三个层次中，连通性让微不足道的局部细节，变为在全球数据驱动下与情景紧密相关的服务，能直接连通其他数字产品和服务。

第四个层次——分析学

捕捉数据和连通性本身并不会创造任何附加价值。在第四个层次中，会将收集的数据存储起来进行可信度检查和归类。还会将来自其他网络服务的发现整合到这些数据中，从而得到结果并传达给执行元件，这些通常在基于云端的后端系统中完成。第四个层次会收集家庭开灯和关灯次数的数据，识别活动模式，并记录个人使用电灯的时长。这样一来，灯泡不仅能收集数据，还能体现用户行为并为其创造附加价值。

第五个层次——数字服务／行为服务

第五个，也是最后一个层次，将前四个层次的应用融合成数字服务，并以适合的形式带来全新的产品体验。如今灯泡已经对你的某些行为有所"了解"，它能把这些信息与其他智能设备连接起来，进行第四个层次或第五个层次的决策制定。例如，如果你卧室的灯在凌晨3：00亮起，而厨房的灯在凌晨3：03亮起，接下来是冰箱的灯在3：04亮起，我们就能判断你大概是在做什么。如果你把这些数据与卧室、厨房、冰箱、微波炉的传感器和执行元件相关联，呈现的信息将更为清晰。

如今，我们正介于第二个至第四个层次之间。企业试图用收集到的数据，通过算法或人工智能判断行为特征或模式，不过大部分工作都需要"数据科学家"帮忙，来对收集的大量数据进行统计分析。大数据的价值毋庸置疑，但不是从个性化的角度对数据进行分析。这仍是在用一种有局限性的老办法来对行为进行分析，为个体创造价值。但这并不是说大数据的做法是徒劳的。从团体深度访谈、客户调研到大数据是一次巨大的突破，只是它不在本书探讨的能够为个体创造价值的方法之列。

在这五个层次的价值模式中，实物、产品和设备都是用于构造大型复杂数据生态圈的基本单位，能通过实时提高、调整产品及服务不断创造价值。

读到这里，前面讨论过的关于隐私的问题又浮现出来，有如此了解自己的产品和服务，人们会感到自在吗？换取的价值是否值得？

在 2017 年 8 月《纽约时报》发表的一篇文章中，帕梅拉·保罗（Pamela Paul）总结了面对如此巨大的变化和变革，人们有何感受：

> 办公室里的变革能带来积极的影响，而家中的变革只会让人感到被侵扰和厌烦。在家时，人们至少还能选择

变化的节奏，选择留旧而辞新。这种渐进式的生活方式降级，帮助我们校准了技术变化的速率，避免了"鞭梢效应"（whiplash effect）带来的突变。[8]

保罗的评论合情合理，但我们还是感觉像往湍急的水里扔石子以求断流一般无济于事。变革是具有破坏性且无法逆转的，但要改变现状又必须变革。

约瑟夫·熊彼特是 20 世纪著名的经济学家，在其 1942 年出版的《资本主义、社会主义与民主》（*Capitalism, Socialism, and Democracy*）一书中，他提出了"创造性破坏"（Creative Destruction）理论。对于颠覆性竞争，他表示，"重要的竞争是来自新商品、新技术、新供应源及新兴组织的竞争……其出现并不只是影响公司当前的利润率和产出，而是动摇公司的根基和身家性命"。

这才是我们本章要讨论的全面变革，是几乎每个行业都在劫难逃的数字变革（digital disruption）。

数字变革

最适合数字变革的市场，是系统摩擦力最大的市场。例如医疗、教育、保险、银行、航运以及供应链，这些行业在严格的监管环境中经历了系统的演变，在不同个体、体系和信息孤岛之间进行过无数次转手，但无一经过精心的设计安排，都只是逐渐发生的偶然事件的堆叠。我们将数字变革对这些行业的威胁称为"优步化"（uberization），也可以理解为，将这些行业重新创造成没有摩擦力的全新平台，从而服务数字建设，通过行为数据提供个性化的产品和服务。

优步化，原本指的是优步给出租车行业带来的颠覆性变革。优步并未尝试重新设计出租车，没有大量购买出租车（至少这并非其最初的业务模式），也没有雇用员工或重新培养现有的出租车司机。它不想改变当前的行业监管模式，也没有选择在这些规定的框架下运作，而是利用科技和行为数据，从头开始重建行业，从而为驾驶员和用户带来全新的体验。这样一来，优步消除了出租车行业多年来根深蒂固、难以去除的摩擦力。

不过优步的故事还有不为人知的另一面。近期有一篇名为"颠覆动因？优步效应"（Drivers of Disruption? The Uber Effect）的研究文章，调查了优步对出租车行业的影响。人们普遍认为优步损害了行业的发展，但研究结果令人大吃一惊。该文章的作者表示：

> 我们对优步在美国各城市的发展进行了研究，结果表明，在引入优步平台后，出租车服务业的员工招聘规模扩大了，而且业内出现了显著的自主创业倾向。[9]

有两点值得注意。首先，在工业及信息化变革的过程中，总会有"颠覆性科技取代工人，并导致未来大面积失业"的传言。这种观点前半部分没错，有的工作岗位确实面临被取代的局面。但关于未来大面积失业的说法，常常招致很多的反对意见。正如本书序言所述，美国的农业劳动力从 1800 年的 83% 降至如今的 2%。农业领域的工作岗位大幅减少，但全球人口的数量增加了七倍之多。出租车行业和拼车行业也是如此，但人们的交通出行需求将只增不减。（人口增长只是其中的一部分原因，更主要的原因是大量人口迁徙至发达经济体，以及自动驾驶汽车在尚未使用交通工具的人群中的广泛普及。）

但无论如何，出租车行业未来最多再撑 5~10 年。在需要出租车牌照的城市，持续时间或许稍长一点，因为牌照的所有者主要是有利益关系的投资者，他们有能力进行游说，这必将导致相关措施向保护其资产的方向倾斜。其实，美国几乎每个有出租车牌照系统的城市，从 1930 年起发行的牌照数量再没有增加过。

在很多方面，这种模式下产生的人为供求关系直接把矛头指向了低效率和摩擦力，这是借助不必要的中间环节来实现所有权的工业时代模式下的产物。虽然出租车行业走向衰落势不可当，但这并不意味着众多出租车司机将会突然间集体沦为无业游民，至少会有 3~5 年的过渡期。目前，仍有近 80% 的出租车司机并非独立经营者，我们希望他们能够转为独立经营者。不过不要把这种观念局限于乘用车。一项研究表明，美国有 300 万名卡车司机。[10] 未来，出于各种原因这个行业也将发生彻底的改变。其中，优步已经采取行动，通过收购致力于自动驾驶卡车的初创公司 Otto 进入了卡车行业。[11] 同时，特斯拉于 2017 年推出了具备自动驾驶性能的电动卡车。[12]

未来确实有许多岗位将不复存在，但导致这个结果的不是拼车服务，而是人工智能。为了最大限度地减少社会动荡和未来的不稳定性，人们需要重新思考如何让公认的社会准则适应这一切。2017 年 9 月，《华尔街日报》的一则故事写道：

> 21 世纪我们需要更新"新政"（New Deal），并为人工智能将创造的新岗位制订人员培训计划。我们需要重新培训卡车司机和办公室助理，使他们成为数据分析师、行程优化师等目前尚不为人知的专业人才。正如在美国南北战争前，农民无法想象自己的儿子能成为电工一样，现在很难断定人工智能未来会创造出怎样的新岗位。但可以明确的是，要从工业社会过渡到智能机器社会，就必须经历巨大的变革。[13]

关于人类最终被人工智能和机器人取代的传言屡见不鲜。每当这样的威胁出现时，都带着这次不一样的架势。虽然尚无论据表明颠覆性变革造成的失业和替代效应只是暂时的，但历史已经证明，人们总能找到新的、更有价值的用武之地。

在日内瓦的一次会议上，一位联合国官员曾问托马斯（本书作者之一）："有没有能够降低生产效率的科技？"[14] 这并非玩笑。他的提问虽然引来了参会成员好奇的目光，但也不无道理。在一些失业率极高的发展中国家，出于社会层面和经济层面的考虑，他们需要提高的不是生产效率，而是就业率。

他的问题听起来荒谬吗？人们总在追求更高的生产效率，但当这个目标真正实现的时候，接踵而来的便是失业率。难道人们追求的是杰里米·里夫金（Jeremy Rifkin）在《工作的终结》（*The End of Work*）中所说的"效率崇拜"（The Cult of Effciency）吗？恐怕无人会苟同，某一经济领域效率的提高或就业率的下降表明整个经济体将长期面临失业现象。历史已经证明，就业率短期内受到的冲击越大，未来的提升空间就越大。

若论科技发展威胁到工人就业的问题，我们当今所处的时代绝对算不上第一。1912—1913 年，福特的 T 型汽车产量和员工数量都翻了一番。次年，新车型的产量同样增加了一倍，然而由于装配流水线的出现，生产效率得到了极大的提高，福特裁减了 500 个工作岗位。[15] 此后制造业和机器人技术的发展持续了一个世纪之久，是否有一部分人因此而永久失业了呢？当然没有！

在 20 世纪，所有发达国家都出现过失业率波动的情况，但失业率并没有持续上升。1962 年，美国的失业率为 5%，到

2014 年为 6.2%。英国在 20 世纪前后的失业率为 5%。[16]

人们似乎很擅长渲染科技取代人类的故事，却始终不能预测科技将如何创造新的工作岗位。那是因为我们未曾领悟科技将带来的繁荣程度。例如，在蓬勃发展的汽车行业及其他相关行业中，新创造的工作岗位远远超过因马车被替代而减少的岗位。

优步的例子告诉我们，虽然传统工作岗位受到了新型数字生态圈的影响，但整体就业在转好，个体能以自由职业者的身份更充分地参与经济建设，这是减小摩擦力的另一个好处。

摩擦的终结

简言之，一切把交易时间、成本、环节，以及产品或服务复杂化的不必要工序都是摩擦力的来源。每个行业都存在摩擦力，无一例外，只是程度各异罢了。摩擦力的问题在于，人们只能逐步减小它，却无法彻底消除公司或行业内部的摩擦力。就连消费者都已经习惯并接受了摩擦力的存在，认为事物发展过程中必然会有摩擦力。任何试图消除摩擦力的行为，对其拥有者或相关流程而言都是一种威胁。因此，现有的摩擦力只有在威胁到人们的生存时才会被彻底消除。

一个典型的例子是苹果公司对音乐行业的改革。最初威胁唱片公司生存的是拥有约 8 000 万用户的 Napster（音乐共享平台），但其最终因侵权而遭到音乐行业封杀。Napster 是一个能让消费者轻松将歌曲下载到 MP3 播放器的平台，是最早的借助共享经济成功的案例之一，其出现时间比优步、Lyft（来福车）和 Airbnb（爱彼迎）还要早 10 年。

然而在 2003 年，音乐行业依然按部就班地遵循着形成已久的运作模式。艺术家、媒体、定价模式以及传播渠道都非常成熟，但规模很难继续扩大，因为整个流程需要耗费大量的时间。市场上的不满情绪逐渐凸显出来，最终把矛头指向了版权法。

假如你是当事人，你可以从以下角度来思考这个问题：[17]

（1）不惜一切代价追讨创新者，以保护当前的业务模式。这是各大唱片公司最初的选择，起诉 Napster、Morpheus（P2P 文件分享应用程序）、Grokster（文件分享软件）、LimeWire（档案分享程序）等平台。

（2）追讨市场以保护其业务模式。音乐行业曾不加甄别地起诉消费者，起诉对象达数千人，从退休老人到在校大学生。[18]

（3）通过市场教育体现其业务模式的价值，证明毁掉它愚不可及。对，大型唱片公司也采取这样的方式来吸引大学生（正是那些遭到他们起诉的大学生）。

对此，苹果公司的精神领袖兼 CEO 史蒂夫·乔布斯却持不同看法。乔布斯联系了各大唱片公司的高管，说服他们直面两个选择：要么继续与文件分享服务平台打持久战，白白消耗资金却一无所获，因为即便成功关闭一个这样的平台，也会出现更多类似的平台；要么，他们选择参与新的模式，提供让音乐爱好者自愿掏腰包的体验方式。[19]［在第六章中我们将进一步探讨 iTunes（苹果公司开发的免费数字媒体播放应用程序）如何向使用行为数据的模式演变。］

苹果公司通过消除物理媒介、内容传播及向艺术家付款等各种形式的摩擦力，创造了一个重点关注内容提供商和消费者的行业。一时间任何人都能在 iTunes 商店发布自己的作品，消费者能够只下载自己想要的歌曲，而 iTunes 通过一个简单直观的界面，实现了对所有音乐的管理和保护。音乐行业的整体销售额下降了，但如果没有 iTunes，整个行业将遭受更大的损失。

虽然 Napster 等一系列音乐分享服务平台曾风靡一时，随即又销声匿迹，但隐私并未随之消失。[20]MUSO 是一家调查全球隐私数据的独立研究公司，根据其发布的一份报告，2016年提供非法下载音乐服务的盗版网站的浏览量超过 580 亿次。[21]风险增加了，但价值也增加了。

即便没有苹果公司颠覆性的 iTunes 模式，也会有人提出类似的解决方案。要继续扩大规模，创造价值，向数字生态圈转型是企业的必由之路。

大量消除音乐行业的摩擦力也赋予了苹果公司另一个优势。在苹果公司的模式下，音乐的传播效率相比 Tower（实体唱片店）和 Virgin（维珍）等零售店有了显著提高，利润大幅提升，从而使苹果公司能以更低的价格获得比零售商更高的整体利润。

虽然也有观点认为，是来自 Napster 的压力及隐私受到的威胁导致了变革，但我们认为那只是导火索。数字资产的盗版问题始终是一个威胁。然而，数字商业生态圈能创造新的价值，从而将行业的摩擦力降至最低，同时继续扩大规模。换句话说，iTunes 让购买变得比偷窃更容易。

许多领域在考虑做出实质性改进时，过于严格的监管和过分复杂的工业模式生态圈反而成了自身的最大阻力。教育、医疗和金融服务领域就是如此，均是被庞杂的流程所拖累，不必要的摩擦力最终破坏了品牌与消费者之间的关系。

对这些行业中的企业来说，真正的威胁并非现有的竞争对手，而是不按常理出牌或者不受同等约束的对手。他们能与消费者建立一种全新的不受当前市场摩擦力所限的关系。例如，谷歌能够利用其收集的大量行为信息，确定寿险、财产保险、健康保险等险种的风险，从而为保险行业带来颠覆性的改变。其精准度虽然比不上保险精算师和专家采用的寿命和风险评估模型，但鉴于其目的是针对当前保险销售模式中的摩擦环节，以创造更高的利润率，因此无须追求极高的精准度。

另一个减小当前工业摩擦力的例子，被称为基于使用的保险（usage-based insurance）。在本章上文的一个假设模型中，基于风险的保险能让驾驶员根据每次用车的情况选择保险费用和方案。目前人们购买保险都是以月、半年或一年为周期。然而，汽车有 95% 的时间处于闲置状态。基于使用的保险考虑到了驾驶员的年龄、位置、驾车历史及年驾驶里程等详细数据，并结合驾驶员的实时行为和特定的环境因素，得出一个"情景评分"。人们可以基于这个分数，根据单次出行的需要来购买保险。例如，像 Metromile（汽车保险金融机构）这样的初创车险公司就是基于实际驾驶里程对消费者收取费用。[22]

摩擦力还存在于多数行政管理当中。波士顿咨询集团（Boston Consulting Group）做过的一项研究表明，申请保险的实际工作时间通常占到整个流程所需时间的 1%~5%。例如，车险的整个申请流程需要 6 天，但完成这项工作本身只需要 20 分钟。基于此，政府员工保险公司（GEICO）大幅简化了车险流程。财产保险和伤亡保险的情况也十分类似，流程耗时较长，但实际工作时间只需 8 分钟。[23]整个流程的其余部分都是闲散时间，做些转手和传递工作而已。情景保险模式如图 5.3 所示。

数字生态圈业务模式并非保险行业面临的一个有趣的选择，而是这个行业生存的必经之路。麦肯锡（McKinsey）公司的一项名为"保险公司数字化转型的时候到了"的研究发现：

图 5.3 情景保险模式

图 5.3 说明：情景保险模式通过创造保险卖场或保险规则，基于一系列因素确定特定情景下的实际风险，制定按驾驶行程对驾驶员收取费用的保险条款，从而大大减少了摩擦力。

近五年来，美国汽车保险公司平均每年承保利润亏损为 42 亿美元，连续出现支出和亏损超过保费收入的情况。如果再不使用数字技术提升能效，保险公司的年利润还将下滑 0.5%~1%。[24]

诸多类似例子都说明，工业时代的业务模式之所以得以延续，根本在于人们想当然地认为它是永远不变的，而这种想法十分危险。

这些都不是新问题。迈克尔·哈默（Michael Hammer）和詹姆斯·钱皮（James Champy）于 1993 年合著了《企业再造》（*Reengineering the Corporation*）一书，书中一个中心思想就是，非作业时间导致交易时间倍增，消费者对此很不满，但人们已经普遍接受这就是正常的工作流程。工业企业再造仅走到了这一步，是远远不够的。正如上文提及的优步和出租车行业的案例一样，建立全新的数字生态圈，需要摆脱传统流程、业务模式和既得利益的束缚，这样才能为依靠消费者行为建立数字生态圈创造机会。

这些新技术和业务模式所产生的特别影响在于，其为消费者创造的价值会直接弱化现有业务模式的既得利益。这意味着，在诸如保险等成熟行业中的众多企业，不得不忍痛对其业务模式进行重大改革，否则就会成为摩擦力的受害者。

这就要求我们以一种新眼光来看待商业重组，从而在以超个性化、快速创新和无限选择定义成功的市场中，以及在行为驱动创新的市场中，满足相应的市场需求、规模和预期。

被过去所挟持

工业时代的企业会被过去所挟持，无法从市场行为中看出端倪并灵活应对，柯达就是一个非常典型的例子。作为 20 世纪一家标志性公司，柯达发明了现代胶片摄影技术和数码摄影技术，但其却始终未能融入未来。

柯达创始人、前 CEO 乔治·伊士曼（George Eastman）提出公司经营的一个指导原则为"低成本的大规模生产"。这也正是过去 200 年来所有销售公司秉承的方针，因为这个原则的确行之有效。截至 1976 年，柯达在胶片行业占据了高达 90% 的市场份额。

伊士曼的目标是让摄影变得"跟使用铅笔一样方便"。然而要实现胶片行业的量产，工序复杂且麻烦的湿板显影成了棘手的难题。为了解决这个难题，伊士曼发明了干板显影法，"为摄影师曝光和冲洗照片提供了便利"。

1879 年，伊士曼"发明了乳胶涂布机，能够大规模生产摄影干板"。1880 年，他在纽约州罗切斯特市出租了一间工厂，建立了伊士曼干板公司，开始在工厂内规模化生产干板。1883 年，伊士曼发明了供平板相机使用的胶卷适配器，很快又发明了透明胶卷，成为 19 世纪摄影领域的里程碑。[25]

伊士曼的发明彻底改变了胶片行业。如果世上的确存在颠覆性的科技，那非它莫属。然而极具讽刺意味的是，一家一向能引入颠覆性技术的公司竟然不能把握时机，转向数码摄影——更何况数码摄影技术还是柯达自己一手发明的。

史蒂夫·萨森（Steve Sasson）是 1975 年最先发明数码照相机的工程师，曾荣获美国政府颁发给科学家、工程师和发明家的最高荣誉——国家技术创新奖（National Medal of

Technology and Innovation），在 2008 年接受《纽约时报》的采访时，他这样回忆柯达管理层对其发明的反应：[26]

> 我的样机跟烤面包机一样大，科技人士都很喜欢。它不需要胶卷，因此管理层的反应是："这个发明很不错，但别告诉任何人……"[27]

正如许多人所说，缺乏管理层的支持是导致柯达失败的主要原因。但这种解释未免太过简单，实际情况要复杂得多，其根本原因与工业时代企业从大规模生产到大规模创新的转型不无关系（见图 5.4）。

因此，柯达的失败并非缺乏远见所致，公司高管对摄影行业未来的发展方向一清二楚。

威利·史（Willy Shih）在 1997—2003 年担任柯达消费者数字业务部总裁，他曾在 2016 年的一期《麻省理工学院斯隆管理评论》（*MIT Sloan Management Review*）上写道，柯达对工业时代生态圈中的工厂和设备进行了大量投资，使公司无法跟上市场步伐，这是导致其失败的一个主要原因。

有一种观点认为柯达其实原本能够采取更多措施，借助数码摄影的优势来完成更好的自我定位，不过这种说法也不能完全站得住脚。我们认为柯达在摄影行业实现长远发展的机会甚少，而一时的权宜之计只能稍微推迟其退出市场的时间。

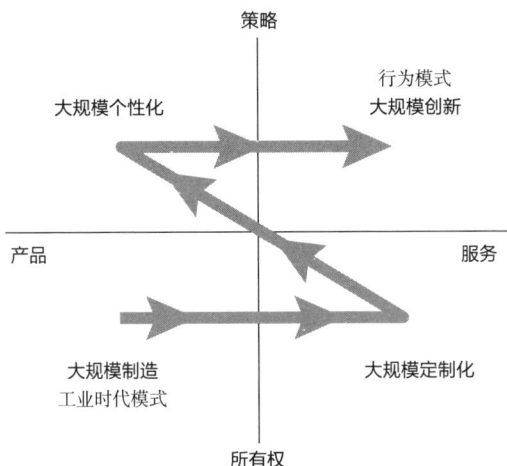

图 5.4　柯达变革路径

图 5.4 说明：生态圈普遍由需求链（买方）和供应链（卖方）构成。这些可能是已知因素，也可能是未知因素。例如，大规模生产依赖的是定义清晰且毫无变化的产品和市场。然而，大规模创新却由一系列不断变化的买方和卖方行为构成。柯达具备实现图中左下方象限内容的条件，重建供应链以满足未知的买方需求。通过店内的胶片冲洗实验室，以及后来的数码摄影个人照片冲印机，柯达确实在大规模定制化和个性化方面取得了重大进展。但最终走向大规模创新这一举措才刚刚开始，并且需要借助完全不同于数码照相机和智能手机应用的平台实现。

　　或许最能说明企业被工业化文化套牢的例子还是柯达。柯达在按照《美国破产法》第十一章的规定提出破产保护后，依然坚守其在摄影市场的传统定位，而当时智能手机已经开始向摄影领域的高端细分市场发起最后的进攻。柯达于 1994 年分出伊士曼化工（Eastman Chemical）公司，并在破产后将其卖掉，此后该公司与摄影领域再无任何关联，其业务发展好得出奇。

在柯达以及许多类似的例子中，导致失败的原因并非缺乏抱负或远见，而是传统的工业时代模式。工业时代的生态圈几乎无法做到紧跟市场步伐，更无法实现向大规模创新的过渡。那些支持规模经济发展的投资和策略，即便没有完全遏制企业的灵活性，也对其造成了极大的阻碍。

柯达的困境绝非个例。持续了200年之久的工业模式正在走向终点。关注《财富》杂志500强名单就会发现，企业的平均上榜时间在不断缩短，而这并非近期才有的现象。1977年连续7年上榜的企业比例为38%，预计到2027年这一比例将跌至15%（2018年为27%）。[28] 此前《哈佛商业评论》发表过一份调查报告，该报告调查的对象包含35个行业中的1 300家公司，调查结果显示，1972—2002年企业翻覆率（topple rate，企业在未来5年内，失去其在业内收入排名前20%领先地位的速率）增加了一倍。[29] 所有指标均表明，不断取得成功已经越来越难，并且这一趋势还将继续。

看到这里你或许会说："事实本该如此。变化越大，创新越多。"我们举双手赞成！我们并不认为翻覆率提高是一件坏事，就像柯达也有转型成为智能手机供应商的可能。行业的改变必定会带来伤害，当技术快速发展时，长期参与者最容易面临淘汰的风险。因此，想要生存并不断扩大规模，就不能遵循大多数公司一直沿用至今的工业时代的传统模式。

模糊的商业界限

生态圈业务模式反映出，很少有公司能够在全球化向个性化转型的过程中"孤军奋战"。相反，他们需要知道如何与各类公司合作，借助对方的潜力、资产、产品及服务来规划自身发展，提高捕捉新价值来源的概率，同时降低独自行动特有的风险。

公司、行业、消费者、制造商之间的传统界限开始模糊。特斯拉究竟是什么？是一辆汽车还是一家能源储备公司？通用电气公司又是什么呢？是一个制造商，还是 CEO 杰夫·伊梅尔特（Jeff Immelt）想要推动转型的产业经济新平台？

伊梅尔特的观点同样适用于纯数字化公司。本书的中心思想是人们——你、我、我们大家正逐步成为产品。因此，我们到底该如何划清企业、合伙人、制造商和消费者之间的界限？更重要的是，在财务报告之外，还有什么其他有意义的用途？答案是否定的，而且这样的硬性界限只会阻碍企业的发展，甚至会威胁企业的生存。

同样，如果把一个生物生态系统中的参与者分离和隔绝，不可能不对整个生态系统构成威胁。同理，人们也不能单纯地隔绝商业生态圈中的某家公司，同时保证整个行业的生存和创新能力不受威胁。

综观过去 10 年来一些典型的失败案例，如上文刚提到的柯达，以及 Borders 连锁书店运营商和百视达（Blockbuster，音像制品租售公司），不难发现导致其失败的原因并不只是糟糕的产品策略或创新能力的缺失。其实这些公司都进行过创新，推出过面向未来的新产品和服务。柯达发明了数码摄影技术，百视达在网飞之前就推出了按需订阅视频服务，Borders 则是最早的网上书店之一，但它们不能带着庞大的工业遗产一并挤进通往未来的大门。

这些公司都存在的问题是，无法重建其生态圈，赋予其新的意义，从而应对新的行为。他们都只拘泥于生态圈模式中的封闭领域，建立了能够有效防御的纵向整合堡垒，而不是进入其他开放的、灵活组合的领域，去为合伙人和消费者建立能够随市场、技术和预期改变的平台（见图 5.2）。

那么，数字生态圈如何才能利用数字自我的行为信息呢？假设包含人们生活方式的数字自我行为档案能够与数字生态圈交流。从类人（human-like）的角度出发，这种交流不必与人类的交流类似，只需分享人们的行为信息。再稍微具体一点，我们把信息的内容局限于你的睡眠习惯。

欧洲的一家床垫生产商就是这么做的。它通过安装在床垫内的传感器，获取你的睡眠习惯、环境噪声、打鼾习惯、呼吸间隔、起夜次数、睡觉时偏好的侧面和姿势、体重、心率、呼吸习惯，以及床垫是否已经超过了使用寿命，尘螨或过敏源数量是否已经超出安全指标等信息。这些信息不仅能为床垫生产商所用，还能为其他整体健康指标及整个健康生态系统服务所用。你的某些行为可能表明你的身体需要做进一步的诊断或治疗。如果将数字生态圈与血压计相连，它还能监测人们的睡眠质量与血压数据之间的联系。

那么，床垫公司属于什么行业呢？传统的答案是床垫行业。然而在数字生态圈中，其对人们的身心健康有重要的作用。但我们不要仅停留在价值主张层面。想一下购买这样的床垫要如何支付。过去，购买床垫时会一笔付清。如果是价格较贵的床垫，性能上会有更多保障。例如，美国床垫初创公司 Casper 会让顾客试用 100 天。你可以一直尝试，直到试出让你满意的床垫。不过还有另一种基于行为结果而非承诺的支付方式。

既然床垫供应商对睡眠质量了如指掌，为什么不根据这些信息进行支付呢？如果数字生态圈能影响人们的睡眠质量，那么你觉得有没有可能最后你会选择质量更好的床垫，而非具有一定时间质保的床垫？如果普通床垫的单价为 1 000 美元，使用寿命为 5~10 年，平摊到每晚的成本是 0.54 美元。那么，如果让你基于提高睡眠质量每晚支付 0.25~0.75 美元会如何？如果数字生态圈里的其他供应商也参与其中呢？当然，这里有一个关于如何界定睡眠质量的问题，但那是因为过去没有能力进行界定。

将购买产品这个行为当作一种服务，严重背离了人们一直以来所熟悉的模式。但这时供应商与消费者之间才是更为平等的关系。令人惊讶的是，我们早在 1998 年就与彼得·德鲁克（Peter Drucker）讨论过这个问题，我们曾问他 20 世纪商业模式的最大变化是什么，德鲁克表示是从产品到服务、从所有权到策略的综合变化。

这并非仅通过过去 10 年的商业数字化转型就形成的现象，而是经过了一个世纪的稳步发展，标准产品的概念及清晰的组织界限（如福特 T 型汽车的例子，"只制造黑色汽车"，并且福特掌控着所有的供应商）逐渐发生转变，变为由策略构成的销售网络，产品的销售几乎都伴随着服务或体验。数字生态圈只是这种趋势下的最新变化。

掌握生态圈的触点

生态圈的规模、合伙人的数量、地域范围等因素都会发生改变，但所有的生态系圈都有一个共同点，那就是都能够提供统一的产品、服务和体验。

在数字商业生态圈诞生前，产品、服务和体验这三个触点通常没有交集，因为它们之间缺乏实时共享信息，也没有对产品寿命或消费者体验的统一分析。数字生态圈要想创造附加价值，就必须同时具备这三个关键触点（见图 5.5）。具体要如何实现随各生态圈而异，但绝对不能没有这些关键因素。

我们将用特斯拉举例说明。产品、服务和体验这三点特斯拉都有，但它没有分销商、经销商或第三方服务中心。这看似与数字生态圈相去甚远，更像是一个亨利·福特最初的工厂群式的高度整合的供应链，从橡胶树种植园到经销商都在福特的控制之下。这是我们在图 5.2 中讨论过的，工业时代背景下故步自封的生态圈模式。但福特和特斯拉的生态圈存在显著区别。

图 5.5　数字生态圈的三个触点

图 5.5 说明：在数字商业生态圈中，产品、服务和体验三个触点均在为客户及市场行为的实时变化提供线索。对大多数工业时代的企业而言，这三个触点是毫无交集的，由负责不同触点的组织分别持有。因此，对行为和数字自我缺乏整体的认识。[30]

特斯拉意识到，在三个触点与市场交集的领域，所有权至关重要。例如，特斯拉拥有所有的门店，并控制着整个体验生命周期，从客户购买产品到承诺以保证价位进行回购。虽然特斯拉的供应链十分庞杂，但它拥有产品的所有权。特斯拉位于内华达州的超级电池工厂甚至联合了一些电池供应商，使之成为其生态圈内独立且密不可分的组成部分。此外，特斯拉还收集客户、服务、产品和体验的数据，从而实现对客户数字自我的统一认识。

这与传统的电池购买并及时供应有什么区别？从表面看区别并不明显，似乎是一种更好的整合外部资源为机构内部所用的方式。然而，当重要合伙人都积极地参与生产过程时，生态圈的创新速度会大幅提升。特斯拉控制着三个触点。这并非纵向整合，而是生态圈内的灵活组建，以形成一种利用所有权和战略共同促进创新的关系。

从服务的角度出发，特斯拉通过车辆诊断、实时更新、下载信息改进平台，同时捕捉用户体验的实时数据，提供个性化的用户体验，打造独特的服务能力。其中最好的一个例子是，2017 年佛罗里达州遭遇飓风"厄玛"（Irma）时，特斯拉如何为打算离开佛罗里达州的消费者提供服务。

特斯拉通常为 S 型轿车配备 75 千瓦时的电池，并利用软件将电池容量限值控制在 60 千瓦时以内，这样车辆的有效里程就被限制在 200 英里之内，大约比采用最大电池容量 75 千瓦时所能达到的里程少 30~40 英里。一位准备撤离佛罗里达州的 S 型轿车车主给特斯拉打电话，询问是否能够解锁剩余 15

千瓦时的电池容量，从而增加撤离途中行进的速度。特斯拉不仅解锁了这位客户的电池容量，还为所有正面临类似这种情况的特斯拉车主进行了同样的操作。能做到这一点离不开数字生态圈的支持，将三个触点整合成对客户生态圈的统一认识（见图 5.6）。

图 5.6　生态圈触点的融合统一

图 5.6 说明：在协调发展的数字商业生态圈中，产品、服务和体验三个触点是一体化的，从而形成对消费者数字自我的统一认识。

你能想象吗，如果换作传统的汽车制造商，分别由制造商、经销商和销售商负责产品、服务和体验这三个触点，这个模式会有何不同？如果是与这三方都没有任何关联的二手车又会如何？

传统汽车制造商的生态圈比较碎片化且缺乏关联，拉开了公司与消费者之间的距离，正如柯达及下一章将提到的西尔斯（Sears）公司的例子一样。在工业时代的生态圈中，制造商大多只负责建立产品触点，并有意保持自己与消费者之间的距离，因为它无法通过与消费者互动而提供更多的产品选择。同样，能够建立体验或服务指导原则的公司，也无法与其他两个触点进行有效的整合。其根本原因在于，如果每个触点无法实现自身与生态圈的数字整合，就无法创建数字商业生态圈。因此，数字自我的作用至关重要。

围墙花园

你可能也注意到了，特斯拉的数字生态圈与苹果公司非常相似。它们都属于"围墙花园"类的生态圈，均在繁荣发展的同时实施严格的管控，仅让符合条件的参与者进入，同时控制着所有的触点。由于这些公司都被尊崇为市场创新者，因此成了其他人纷纷效仿的榜样。不过要当心，建立这样的生态圈有极大的风险。建立围墙花园需要具备下列一个或多个条件：

1. 公司的生存以产品定位或保持产品的市场创新领先地位为基础。

2. 产品需求激增会给供应链带来压力，使生产严重滞后。

3. 产品创新速度快，对产品变化速度有较高要求，第三方的革新次数无法跟上节奏。

4. 通过第三方了解客户对产品的体验是产品获得成功的关键。

5. 创造出新的产品门类［如索尼的 Walkman、苹果的
iPod（便携式数字多媒体播放器）、特斯拉］。

6. 产品通常有超高的个性化要求，需要供应链经常做出重
大重组。

这些情况并非都需要一个共同的围墙花园，就像特斯拉的
电池一样。苹果建立的围墙花园拓展成了一个全球合伙人网络；
麦当劳餐厅都是独立的所有权，但同时有严格的管理规定；星
巴克在书店、会议中心、酒店等的门店的所有权和控制权都归
本地所有。在诸多此类例子中，生态圈巧妙地延伸到了企业的
"墙"外，却仍然受到同一个品牌的严格控制。围墙花园表面
上是为了维持控制权，保证质量，但其更大的价值在于，能够
通过生态圈的各个组成部分继续收集行为数据，最重要的是在
市场创新方面快速反应。这样生态圈虽然能有效提升规模，但
当出现上述某种情况或 6 种情况同时出现时，这也是耗资最大
的一种创新方式。在某些情况下那些花费是必要的，并能够助
力企业大获成功。

然而，还有另一种形式的围墙花园，正在加速改变供应链
的管理模式，那就是建立一个能让企业实现自身资源管理，并
有效利用整个价值链上的资源的商业生态圈。缺乏这种整合资

源的能力，你就无法重新设计供应链，也无法快速应对市场中不断变化的行为。同样，市场中不会只存在一个声音，告诉你它想要什么或者对某种产品或服务的需求将如何变化，这样就会导致某些产品的库存时间比预期要长。苹果被认为是全球供应链领域的领先者，其中一个原因是它把产品的库存时间降至5天，而其竞争对手三星的库存时间却长达两周。

在某些情况下这样做的益处并不明显。例如，市场可能突然对具备某些特性的产品产生需求，但通常是在需求出现之后人们才能知晓。你也可以选择尝试通过衍生指标预测需求并调整供应链，从而让商品供应商和生产商的供应链都能对其预测做出调整。

衍生指标只是市场的一个参考因素，而不是衡量市场利益的实际标准。例如，基于天气预报的季节性调整、粗略的人口变化数据以及社会政治因素（如选举预测或恐怖主义行动）等。衍生指标是绝大多数供应商一直沿用至今的模式，但与数字生态圈完全不搭边。

此类基于衍生指标的预测方法，其问题在于会导致供应链出现"牛鞭效应"（bullwhip effect），如图 5.7 所示。[31] 例如，一家做恶劣天气专用服饰的生产商预测，暖冬会导致其销售量降低 10%，于是他们把供应商订单减少了 10%。供应商为避免损失则可能减少 15% 纺织品订单。纺织品供应商也会采取类似的预防措施，减少 25% 的商品及原材料订单。如此沿着供应链逐渐往上游原材料供应商移动，每个环节都在想办法减少遭受影响的可能性，最终导致库存过剩。

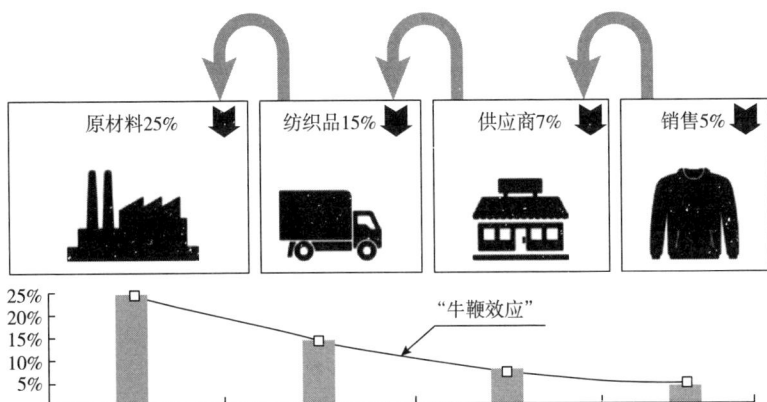

图 5.7　供应链"牛鞭效应"

图 5.7 说明：基于衍生指标的预测会导致供应链产生"牛鞭效应"，逐渐放大零售商、供应商和原材料供应商感知到的风险。

　　生态圈依靠的不是基于衍生指标的市场预测，而是组成市场的个体层面的实际行为。通过这个生态圈实现整个供应链的透明化，从而发展出适合各种可能的模拟情景和模式。接下来根据需求的变化实现市场同步。这看似异想天开——供应链如何能做到如此迅速的反应？其实，借助传感技术就能检测并传递生态系统市场的每一个变化，从而实现这种可能。如今已经有了这样的案例。

　　E2open 就是这样。E2open 是由包括 IBM、朗讯、日立、希捷和美国旭电在内的高科技公司于 2000 年联合建立的一个一流供应商平台。这些公司认为，在共享供应商和通用部件的行业内，企业之间应进行交流。该平台的原则很简单：成立一个参与企业可相互替换的生态圈，能够根据市场的细微差别实时建立价值链。然而，建立这样一个生态系统所需的基础设施很难创建并投入使用。20世纪90年代首次对这个构想进行尝试，共建立了近千个信息交换平台。后来互联网泡沫破灭，这些公司都跟着遭了殃。

15年后这类平台再次出现，以多种方式创建操作系统，为倡导信任和可见度的生态圈服务。这些平台都是基于云端的供应链解决方案服务网络。E2open平台上有4万多个供应商，如果供应商A不能满足某公司的需求，那么该公司可立即切换至供应商B或者C。通过这个平台，企业不仅能找到供应商，还能看到其实时的库存状态，从而向另一家供应商发出信息："我还需要10万个零件，你能提供吗？"并且立即得到承诺。不仅能找到联系人，而且能得到用时比读一封邮件还短的电子承诺。

E2open的每个供应商和消费者都在寻找相同的仪表盘，从而获取统一的供求信息，让企业能够采取不同于以往的方式应对变化。E2open称之为"同一个真相"。这个概念在实际操作中有深刻的影响，它去除了复杂的生态圈所固有的猜测和可能的误差，以增加改变产品、服务和体验的可信度和信心。

除了这里所说的短期可见的益处外，这些平台还有另一个好处。新一代生态圈的重点将是实现需求驱动，未来的预测和创新都将围绕实时需求展开，而非一味关注历史业绩和需求量。结合实时数据与市场行为，能够实时制定针对整体生态圈的决策，从而加快市场创新的步伐。这也是我们一直在探讨的数字商业生态圈的行为层面。

助力经济发展的生态圈燃料

在结束本章并开始探讨超个性化之前，我们还想讨论一下生态圈模式的最后一个方面，这是生态圈对于推动初创企业创新非常重要的一个方面。

硅谷集聚了数千家高科技企业，其中有 40 家《财富》500强企业。超过 1/3 的风投资金都投向了硅谷的初创企业，你也许会以为这必然会产生一个有机的生态圈，为新思想的诞生创造机会。或许你是对的，但这已然是一个效率相对低下、依靠意外和巧合事件的生态圈。用我们的话说，这是一个充满摩擦力的系统。其创新模式会将初创企业的发展机遇限制在某个特定的地理区域内。但显然，创新是没有地域界线的。

为了建立基于生态圈的商业模式，推动初创企业发展成功，一些被称为"加速器"的企业开始发挥作用。据我们预测，美国至少有 150 家这样的加速器企业，而全球类似企业的数量是美国的 2 ～ 3 倍。其中包括很多知名公司，如 Plug and Play（即插即用）、AngelPad（小型创业孵化器）、Y Combinator（创业投资加速器公司）、Alchemist（创业公司）、MuckerLab（创业孵化器）和 StartX（非营利性孵化器）。这些加速器通常至少提供：合作沙盒、基本资源及投资者网络。具体包括提供办公地点及与志同道合的创业家共同进行头脑风暴的机会，协助创作商业计划或准备给投资者的展示材料，以及引荐风投或天使投资人。

要明白其中的价值，可以回想一下德鲁克提出的策略与服务相结合的生态圈模式。要创建能够在图 5.4 右上方象限内（策略与服务）的创新模式下获得成功的企业，最大的难题是要协调这个生态圈所需的各个参与者的利益。对拥有众多成熟合伙人和一个中心协调人的生态圈而言，这个难题相对比较容易解决。例如，福特、沃尔玛和苹果对其供应商都有非常大的控制权。但这是典型的追求规模的工业时代模式。供应商通常都是具备创造附加价值的产品和服务，且能够随时介入数字生态圈的成熟参与者。

那么，那些还在努力达到那一步的多数初创企业和成长公司该怎么做？答案通常是它们需要进行融资，与企业买家建立联系，证明其产品的效果，并培养其他有利于发展的潜能。这是一个 5~10 年的发展计划。

可以用数字来阐明选择这条路的风险。50% 的初创企业会在 5 年内宣告失败，其中 25% 的公司撑不过一年。并且这些都是获得了投资，但花上连续数月甚至数年打造产品和发展企业的初创公司。相比他们，还有数百家类似的公司由于缺乏资金和资源，连把想法传播到白板之外的机会都没有。这对所有初创企业而言都是巨大的摩擦力来源，或许也是全球创新经济最大的开发潜力所在，这些摩擦力遏制了创新，严重制约了经济增长。麻省理工学院 2015 年发表的名为"被推迟的未来"（The Future Postponed）的报告表明，"创新赤字"的原因是美国的研发投入从 1968 年联邦预算的 10% 减少至如今的 2%。

回顾一下本书的一个主题：后工业时代经济加速发展，当今的经济发展比以往任何时候都更加依赖创新，当前的创新模式已不足以满足经济发展的需求。从这个角度看，我们又成了工业时代模式下创新所面临的摩擦力的人质。

硅谷投资人阿米德·赛义德（Amid Saeed）出现了。

2006 年赛义德创建了 Plug and Play（以下简称"PNP"），自诩为"盒子里的硅谷"。赛义德是一位拥有 15 年成功技术投资经验的投资人，他的基金会名为 Amidzad，与超过 70 家技术公司合作过。他深知投资并发展一家公司的挑战所在，因此对于 PNP，他的想法很简单：为具备好想法，需要资金、资源和指导的公司，建立一个丰富的生态圈。如今 PNP 已经投资了超过 550 家公司，融资金额近 50 亿美元。其中最出名的案例有 PayPal（贝宝）、Danger（手机集成开发商）、DropBox（多宝箱）和 Lending Club（借贷俱乐部）。

与其他提供培训、风投资源和合作办公空间的加速器不同，PNP专注于整个生态圈的发展，包括DHL（敦豪航空货运公司）、Intuit（财捷集团）、德意志银行、博世、Aflac（美国家庭人寿保险）、Travelers（旅行者保险）、飞利浦、Goodyear（固特异轮胎）和TJX（家庭服装低价零售商）等近200家企业。这些公司提出希望看到具体的创新领域，或者以合作者或投资者的身份，直接与PNP投资的公司合作。就连赛义德本人最初也只把PNP看作为初创企业提供的实体空间，他曾表示："我从没想到它能释放如此巨大的正能量。"

虽然初创企业也能借助许多非正式的机制获得资源和资金，但这个流程本身效率不高，因此诸多创新公司在寻找资源把想法推向市场时都不太顺利，这无疑阻碍或减缓了创新公司的发展。加速器生态圈是后工业时代经济的重要组成部分，它减少了建立新公司所面临的摩擦力，同时以更加可预测、可持续的增长模式加速了创新。

最后是快速实现市场创新，这也是最具挑战性的一点，因为其中只有极少部分是关于产品的创新，而更多的内容在于，客户如何体验到产品是根据其特殊需求、要求或行为打造的。那正是我们接下来要探讨的内容。

第六章

超个性化：为百亿人打造未来

"个性化指为个人浏览而自动定制的网站和信息，从而让人们感觉在某个地方，有一款软件就爱我们本身的样子。"

——戴维·温伯格（David Weinberger）

2004 年夏，网飞的 CEO 里德·哈斯廷斯（Reed Hastings）和 CFO（首席财政官）巴里·麦卡锡（Barry McCarthy）坐在位于洛斯加托斯总部的会议室里，一边望着外面的野餐桌，一边打着一通探讨收益的电话。在这次通话中，他们提到公司的主要竞争对手百视达不下 22 次。百视达位于 1 689 英里之外的达拉斯，该公司的高层正通过免提模式一起接听这通电话，哈斯廷斯告诉分析人员，"六个月来，百视达除了没用洗碗槽砸我们，什么东西都试过了"。第二天，哈斯廷斯的办公室收到了从达拉斯连夜发出的货物，正是一个洗碗槽。

2000 年，百视达还是光盘租赁行业的领头羊，但仅 4 年之后，它就被 Viacom（维亚康姆）公司以 84 亿美元的价格收购。几乎也是在同时，百视达把收购当时刚成立两年的网飞的大好机会拱手相让。据说，哈斯廷斯是因为忘了及时归还《阿波罗 13 号》（Apollo）的 DVD（数字通用光盘），被百视达罚了 40 美元的滞纳金，一气之下才创立了网飞公司。[1]

哈斯廷斯曾经去找过百视达的 CEO 约翰·安蒂奥科（John Antioco），提议让网飞和百视达建立合作伙伴关系，利用在线订阅人的观看习惯等详细数据，准确把握用户不断变化的兴趣和行为。他当时给出的报价是 5 000 万美元，但安蒂奥科很快就对哈斯廷斯下了逐客令。那时，百视达已经去找过安然，希望安然为点播视频提供带宽。而网飞又花了 6 年的时间才引入流媒体服务。1998 年，哈斯廷斯去找亚马逊的 CEO 杰夫·贝索斯（Jeff Bezos），但贝索斯高达 1 200 万美元的报价让他打了退堂鼓。

在接下来的 4 年中，百视达和网飞都在尝试重新定义视频租赁市场，这并非一场不对称的竞争，两家公司经常对外声称，他们提供的是两种不同的产品：百视达的产品是 DVD，网飞的产品则是点播视频。但实际上，双方都在投资 DVD 和流媒体，百视达的 CEO 吉姆·凯斯（Jim Keyes）2008 年甚至说过："说实话，我真是搞不懂，为什么每个人都对网飞如此着迷……所有网飞能提供的东西、能做的事情，我们也能做到。"[2]

但事实上，两家公司最根本的商业运作模式存在天壤之别。

百视达采用工业时代的商业模式，极度依赖大众传播、商店铺面和规模经济，并且非常不透明。这些举措的效果看起来都非常好。2004 年，百视达的店铺多达 9 100 间，但有一个见不得人的秘密，在消费者体验中造成了极大的摩擦力。百视达约有 15% 的收入并非来自 DVD 租赁、流媒体或店铺内销售的各色糖果小吃，而是源自滞纳金。百视达是在惩罚自己的消费者。[3] 即使店铺工作人员能够与消费者建立一定的客户关系，但可以看得出来，任何被罚过滞纳金的人，在走出百视达的店铺时，完全感觉不到自己跟这个品牌建立了任何联系。

而网飞则恰恰相反，它没有滞纳金，没有店铺，只有一个让消费者热衷的品牌。

5年后，百视达申请破产，网飞则成了全球最大的DVD租赁和流媒体内容提供商。

百视达的故事就是公司陷入工业时代思维模式的经典案例，即使看到周围的创新工作进行得如火如荼，自己仍在创新方面停滞不前。

创新不是一项不可剥夺的权利，没有一家公司拥有永久的创新许可证。2011年夏，网飞就尝到了这一沉痛教训。当年，公司宣布分拆为两个业务板块：Qwikster（快斯特），一家DVD租赁公司；网飞，在线流媒体公司。这一举动，再加上内讧，导致分拆消息公布短短几周内，超过80万用户注销了网飞会员身份，最终哈斯廷斯不得不亲自道歉，网飞也因此学到了宝贵的一课：靠直觉经营有风险。对好莱坞来说，这不算什么新鲜事，在这里，尝试预测一部大片历来都犹如一场赌博，但根本性的变革正在上演。

如今，网飞可能是本章将要介绍的数字化的五个阶段中前四个阶段里最好的例子之一——用行为数据决定创新产品和服务。通过分析上亿会员的个人观影习惯，公司对行为的理解达到了一种前所未有的详尽程度，网飞前全球通信总监约里斯·埃弗斯（Joris Evers）曾经打趣地说："网飞有3 300万个不同版本。"

网飞不仅利用个性化的行为数据为会员进行推荐，还利用这些数据推出自己的原创内容，如网飞斥资一亿美元买下了《纸牌屋》（House of Cards）的版权，它是在用宝贵的数据做赌注，这些数据信息表明，导演大卫·芬奇（David Fincher）、男主角凯文·史派西（Kevin Spacey）以及英国版的《纸牌屋》可谓一场完美的风暴，一定符合网飞会员的口味（至少在当时看来是这样）。

网飞在了解和迎合会员方面到了一种近乎荒谬的程度，而且异常坚定。它有 76 897 种微流派的影片[4]，当它发掘新电影的特性时，会分析其他成功电影和连续剧的宣传画面的具体色彩构成，它甚至有一本 36 页的手册，用于培训专业的"观影人"，这些人的任务就是看电影，用元标签来注明所有东西，从电影如何大尺度或如何暴力，再到剧中演员的品性。[5]

当你观看网飞新推出的影片或电视剧片花时，你看到的是专为你个人的行为风格优化过的版本。[6]不过如前文探讨的一样，这也并非全球通吃。FX Networks（美国 FX 有线电视网）总裁约翰·兰德格拉夫（John Landgraf）就不相信这足以预测成功，"数据只能说明人们以前的喜好，并不代表人们未来的喜好，对优秀的高端节目而言，其任务当是发现在集体认知中尚未被现有电视节目填充的空白区域。（这些选择）'是在数据永远无法渗透的黑匣子中做出的'"。[7]

尽管我们理解并且认同开疆拓土往往需要彻底反直觉的行动，但这个决定只是你愿意承担多大风险的问题。在这一层面，它跟今天的各行各业没什么不同，拥有既得利益的行业先入者可能会依赖更加保守、更可预测的赌注，而新兴企业会有意选择一个冒险的赌注，有时候的确能有所斩获。

若我们当真相信自由市场的活力，何不把标准定得尽可能高些？如果网飞希望依靠算法和人工智能确定下一部最优秀的大片，这并不影响独立电影工作室做出完全不一样的选择。实际上，可以说，这种基于评价的动态选择，会比完全依赖直觉做决定的大电影制作公司（很大程度上其背后只是个人偏见和喜好）创造出更多的价值。

换言之，我们更愿意告诉好莱坞自己的喜好，然后让电影制作公司拍出这样的影片，而不是让好莱坞来告诉我们，我们应该喜欢什么影片。

网飞的例子不仅限于好莱坞或娱乐行业，可以看到，这是一种更深层次的发展趋势，塑造了公司的创新方式，这种发展遵循着从工业时代早期一直到今天的明确路径，我们称之为数字化。

首先我们要分清楚，数字化（digitalization）不等于数码化（digitization）。可以说，每一个争相有效利用数字技术运行内部系统，与伙伴合作开拓市场或向消费者进行兜售，为消费者提供服务与支持的组织，都已经实现了数码化。

数字化则是创造产品、服务或组织的行为，其核心在于采用数字技术，从根本上改变用户体验。数字化发展到巅峰期，其最终目的是创造出超个性化的产品，这样的产品能够理解市场和消费者的行为，并随之改变。

超个性化不仅仅是创造多样化产品的手段。无论是类似印有字母组合的手表这样简单的商品，还是依照一系列定制选择从工厂订购的一辆汽车，都是批量定制的例子。消费者从一系列预先设定的选项中做出选择，而这些选项是生产厂商基于之前的市场调研或消费者偏好确定的。这并不意味着我们不再需要批量定制，而是仅有这个还不够。

我的可乐

相较于超个性化，个性化最盛行但也最简单的一个例子，就是可口可乐"分享这瓶可乐"的活动。该活动始于澳大利亚，很快席卷 70 个国家，大获成功。这个活动从概念上来说十分简单，选择澳大利亚最受欢迎的 150 个名字，用粗体字母打印在可乐瓶、可乐罐的表面，"可口可乐之旅"（Coca-Cola Journey）官网主编杰伊·莫伊（Jay Moye）说：

> 露西·奥斯汀（Lucie Austin）从看见可乐瓶上自己的名字那刻起，就知道自己的团队胜券在握了。

"我的反应就像一个孩子，"她回忆道，"我知道很多人也会有和我一样的反应。"

2011 年，时任可口可乐南太平洋区营销总监的奥斯汀跟同事正在悉尼的会议室中，聆听五家代理商针对即将到来的夏天开展的可乐促销活动。几周前，他们接到了一个 151 字的创意简报，要求其自由开发一个真正具有颠覆性、可以上头条、能够引发全国关注的想法。

后来的活动，也就是内部所谓"关联项目"，以"加强品牌与澳大利亚年轻人之间的纽带——同时鼓励人们在真实世界和虚拟世界中分享幸福时刻"为出发点，推出了著名的"分享这瓶可乐"的创意。这一首创活动用一种戏谑、社交化的方式，把可乐瓶子和罐子上的品牌推广，换成了澳大利亚最流行的 150 个名字，以凸显名字的魅力。

活动反响很好。

那个夏天，可口可乐在一个仅有 2 300 万人口的国家售出了 2.5 亿瓶（罐）可乐，随后这一活动开始走向全球，至今已遍及 70 多个国家。英国、土耳其、中国的可口可乐团队，以及最近的美国团队都在这个概念上倾注了他们的创意，同时保留了简单的邀请，与"（某个人名）分享这瓶可乐"。[8]

为什么一件如此简单的事情能有这么大的影响力？个性化

于品牌而言，是对消费者个人身份的认可，他或她值得被认可。可口可乐在很大程度上证明了，这样一家大型跨国公司能与消费者之间建立这种关系，而这本来只有通过当地的零售商才能实现。

另一个例子是耐克。2017年，耐克在纽约开了一家工作室，为人们定制超个性化的鞋子。耐克的"特别创新项目"（Innovation Special Projects）副总裁马克·史密斯（Mark Smith）表示："开展这个项目的目的是，将我们此前为运动员提供的协作设计体验带给消费者。每个人都希望自己的产品是独一无二的，所以我们将这个想法与现场设计和制造流程结合在一起，让消费者进入工作室，与我们合力打造一款特殊的产品，并且让消费者在很短的时间内拿到成品。"

在此之前，耐克的确赋予了消费者自己设计鞋子的能力，并且承诺在几周内交货，但现在整个价值链得以重新设计，消费者可以在耐克店里挑到本人参与定制的那双运动鞋，这显然跟批量生产有天壤之别，却还是仅面向已知的需求和期待，符合定制化的需求。[9]

Fluid是一家代理机构，跟很多知名品牌都有过合作，包括雅诗兰黛、The North Face（北面）、彪马和范斯，共同推出超个性化和定制化的客户体验及产品。该公司高级副总裁布里奇特·法尔兰德（Bridget Fahr-land）跟我们探讨了客户－品牌关系这一角色的转变，她用了Fender（芬达）的例子，这家美国吉他生产商已经有 70 年历史，可以说是一个传奇。他们的 Fender Mod Shop（定制商店）提供一种沉浸式数字工作室体验，让消费者能从众多定制选项中选择并设计自己梦想中的吉他。

　　顾客不仅想当消费者，他们也想参与缔造独一无二的产品。

　　定制化是把自己同其他多数零售商区别开来，提供独有的产品的有效方法，我认为它还展现了消费者更深层次的参与度，跟 Fender 一起制作定制吉他的消费者对价格的定位更高，他们更经常弹吉他。通过定制化服务，你开始与这个客户建立一种更加私人的深层关联，这种关联可以拉近他们与品牌的距离，建立一种更长久的关系。

　　从另一方面来看，这可以同时适用于批量定制和批量个性化，因为我们探讨的是大规模操作，相当于为几十万甚至几百万人提供这样的服务。

　　在某种程度上，你永远不可能摆脱批量营销模式，你还是在向一大群人推销。但如果尝试把产品个性化，你就会有全新的发现，这是传统的面向大众或大批人群的团体深度访谈无法获取的，你会真正详尽地理解市场想要什么。在我看来，选择这条路径的益处之一是，既满足了某些消费者渴望超个性化产品的心理，又了解到了市场的走向和趋势，而这原本可能被你忽视了。

尽管以上各公司——可口可乐、耐克以及 Fender——都属于产品多样性和批量个性化的范例，但其并未使用某一消费者的当前行为。虽然他们借产品来理解个人偏好，但需要注意的是，如果能理解个人对某一产品的配置存在怎样的偏好（如 Fender 的定制吉他），就可以真正理解新的产品应该往什么方向改变，从而更好地面向大众市场。

超个性化的典型障碍是在多数情况下，生产过程不允许产品有实时变化，因为这需要重组整个组装过程。例如在可口可乐"分享这瓶可乐"的案例中，虽然已经算是最低限度的个性化，但要选择名字，确保不侵犯商标权，排除名字有冒犯他人甚至是在另一种语言中存在亵渎的可能，以及选择合适的数字印刷以仿造原来可口可乐的红颜色，这些需要数月时间的投入。

而在 Fender 的例子中，这要容易得多，因为流水线的配置已经考虑到了定制化需求，相对来说，比较容易扩大规模。

托马斯·赫斯曼（Thomas Hirschmann）是英国数据战略和咨询事务所 Braingraph（脑图）的 CEO，围绕超个性化生产的可能走向，他跟我们分享了一个更大胆的观点：

更为大胆的一种思维方式是，不仅把产品设计交到消费者手中，还要把产品生产完全交到消费者手中。我认为就技术而言，因为有人工智能和3D打印技术，消费者正在成为生产商，他们能跟上新的专利和新的想法，可以基于共享的图纸和共同的蓝图制成最终产品。消费者在现有设计思路和现有专利的基础上进行设计，所以从技术上来讲，应该能够形成规模化的个人制造过程和生产基地，同时类似区块链这样的技术将能够让消费者自己出售产品。从技术上来讲，消费者和生产者之间的差别将变得无足轻重。

　　赫斯曼的观点非常诱人，生产商变成了"生产服务"提供商。但实体产品仅是消费者体验中的一个维度，数字技术与产品的结合度越高，就越容易让产品实现个性化，同时产品和设备基本不变。我们前面举过一个例子，一部智能手机主要由各种应用定制而成，在耐克的例子中，鞋子本身可以连上传感器，跟踪记录鞋子的使用方式、使用环境以及使用寿命。在此之后，借助相关的分析诊断、使用推荐以及提醒，鞋子可以变为数字化版本——"嗨，主人，你很久没跑步了"。这倒不意味着鞋子可以直接跟人们对话，但它可以通过一个更大的生态系统与我们进行交流，如智能手机上的健康类应用程序。

　　这个原则也适用于更加复杂的设备，比如汽车。特斯拉有一个平台，能够捕捉驾驶员的行为，同时设定其表现、用户界面，以及与之相匹配的汽车行为。

　　Faurecia（佛吉亚）是世界上最大的自动设备供应商之一，

其全球销售额和风投资金高达230亿美元，它投资了自动驾驶行业中的一些初创公司。该公司正在密切关注如何重新改造自动驾驶汽车的内室，以符合乘车人的心情、情境和情绪。其中的体验包括照明、音乐、视频、座位配置，甚至汽车的驾驶行为，它无须为每台自动驾驶汽车制定不同的生产过程，但提供了一定的改良，这是其他汽车无法做到的。

数字化的作用

产品数字化可能是人们理解、实现超个性化商业模式的唯一途径。简言之，数字化是指能够通过使用数字技术直接感知行为，并在此基础上进行创新的能力。这意味着产品必须要有能力收集行为数据，与数字孪生体关联，分析和理解后者提供的数据，并有能力实时修正行为，从而不断进行自我创新，带来新的客户体验。

数字化是一种独特的看待产品的方式，因为它不仅为其用户提供了价值，还提供了唯一一种价值取自用户类型的产品。这种象征关系实时发生，不是市场研究、团体深度访谈、调研或本章之初描述的衍生方法的结果。相反，它是通过产品使用直接获得的结果。为便于理解数字化，我们把它分解为五个阶段。

这五个阶段不仅限于数字产品，因为几乎每种产品都有一个数字组件或数字孪生体，我们可以把这个数字化的概念应用于几乎所有行业的产品。

表 6.1 和表 6.2 展示了不同行业中各种产品数字化的五个阶段的部分示例及其特点。

表 6.1 数字化的五个阶段

	第一阶段	第二阶段	第三阶段	第四阶段	第五阶段
音乐	MP3 播放器	iPod	iTunes	Genius Mix（定制播放列表）	个性化
交通工具	手动	辅助	关联	自动化等级 3 或 4	自动化等级 5
通信	固定电话	无线电话或手机	智能手机或应用	穿戴式	增强版
电力	本地发电机	局域发电机	公用设备供应商	输电网	智能建筑
计算机	集中终端	本地桌面	互联的个人电脑局域网	移动版	"神经蕾丝"（Neuralink）
软件	机械自动化	数字自动化	关注用户界面	应用	人工智能

表 6.2 数字化各阶段的特点

数字化各阶段	特点
第一阶段	基于设备，风险高，无行为追踪能力，率先进入市场，很少进入第二阶段，无对比模拟的新技术，广泛的市场应用尤为罕见。
第二阶段	依然是基于设备，但颠覆性的潜力开始显现，结合第一阶段的多种创新，引入新的商业模式，尚未被行业先入者视为威胁，玩家数量大幅上升，形成了一种产品门类，有若干获取行为数据的基本能力。

续表

数字化各阶段	特点
第三阶段	行为数据成了最具竞争力的区分点，不太偏离或未曾偏离第二阶段的设备（除了渐进式创新，设备上几乎注意不到什么变化），充分利用了新的商业模式，催生了山寨创新者，成为传统商业模式和设备的主要威胁，标准由市场选定，在第三阶段，玩家之间的竞争达到巅峰，市场发展达到临界点。
第四阶段	基于行为的区分现在成了关键，市场领军人物，在众多领域中遥遥领先，通过一个丰富的超个性化生态系统，显著改变用户体验，竞争越来越少，因为从第三阶段起，传统竞争者开始萎缩，逐渐消亡。
第五阶段	在第四阶段行为模式的基础上建立，但加入了智能及预测未来行为的能力，能以一种大规模超个性化的方式预测需求和偏好，超个性化实现了与技术的高度亲密接触。进入第五阶段，受信任的供应商需要投入大量资源，因为第四阶段在市场中根深蒂固，消费者非常不愿意对不确定的未来下注，因此，相较于之前各个阶段，出于经济层面的考虑，从公认的"已经够好"继续过渡。

数字化方法的关键益处在于，可以挑战并替代市场中的现有产品，包括那些众所周知并得到了广泛使用，但已进入饱和状态的产品。苹果从 iPod 到 iPhone 的发展历程，就是一个很著名的例子，很好地诠释了一个产品如何能做到这一点。

iPod 和 iPhone 算是数字化第一阶段走向末期时进入市场的后起之秀。Creative（创新科技）公司生产的 Nomad 播放器和 Diamond（帝盟）的 Rio 播放器等在便携式 MP3 音乐播放器市场中几乎处于垄断地位，而苹果从一开始就利用了获取消费者行为，并对其进行分析的优势，这也是苹果开发 iTunes

整个生态系统的重要组成部分。

人们可能已经忘记，在刚推出 iPhone 时，人们对谁造就了这一突破一无所知，就在 iPhone 上市前，诺基亚还占据着 50% 的智能手机市场。在 iPhone 推出两年之后，苹果只有 4.2% 的市场份额。比较流行的黑莓手机制造商 RIM（移动研究公司）占据 3.6% 的市场且还在一直增长。2011 年《福布斯》的一篇文章写道，"从选择黑莓而非 iPhone 的年轻购买者的数量来看，我对 RIM 的耐力和增长信心十足"。[10] 不到两年的时间，RIM 宣布第一季度亏损，5 年后公司停产黑莓手机。而截至 2013 年，诺基亚的市场份额跌到了 3.1%。

2007 年时，iPhone 遭到竞争对手的一致揶揄，市场对其态度也不冷不热，想想这些，你会更加惊异于 iPhone 的异军突起。Palm（奔迈）公司的 CEO 埃德·科里根（Ed Coligan）——20 世纪 90 年代，当 Palm 公司在掌上电脑市场大获全胜时，苹果的牛顿掌上电脑输得惨不忍睹——认为苹果是局外人，"我们花了好几年时间来学习，也走了不少弯路，这才弄清楚如何制造一台像样的计算机，那些摆弄个人计算机的家伙是搞不明白这些的，他们根本就入不了门"。RIM 的 CEO 迈克·拉扎里迪斯（Mike Lazaridis）的态度也没好到哪里去，"苹果用这种方法生产设备，难免要牺牲先进性，以满足美学需求"。而苹果长期的竞争对手——微软的前任 CEO 史蒂夫·鲍尔默（Steve Ballmer）也毫不留情地嘲讽苹果，"苹果将要生产全世界迄今为止最贵的手机，iPhone 不可能会占据显著的市场份额"。这就是典型的行业先入者的反应，它们在现有市场已占有一席之地。

苹果之所以能在智能手机领域占据主导地位，很大程度上是因为它实现了整个系统的数字化，能够做到几乎同步回应消费者行为。这并不是因为苹果特别清楚该如何进行设备创新（尽管我们认为它确实是做到了），而是因为它的整个数字生态圈在不断地迎合消费者的需求。

这也同样适用于苹果及其特有的 OSX 操作系统的竞争对手——三星和谷歌的安卓操作系统。虽然设备仍然十分重要，但更多的价值在于体验，现在的竞争已是围绕数字体验的竞争。这就是为何那些努力复制设备的公司很少获得回报，反而被视为落伍。微软努力推出自己的 Windows（视窗操作系统）智能手机就是这种情况，尽管投入了很多（单单收购诺基亚和后来的减损费用就耗资 76 亿美元），然而微软手机在美国市场的占有率还不到 1%，而苹果的市场占有率高达 40%，剩下的市场份额则属于安卓系统（还有 0.02% 的份额是其他特有的操作系统）。[11]

在第二阶段和第三阶段，苹果把大部分精力都倾注于推动 iPhone 的渐进式创新，而设备、标准及应用商店并没有大的变化，但消费者的体验方式发生了很大变化。最主要的创新来自苹果的数字生态圈，用户可以依据自己的需求打造独一无二的设备。

我们认为，目前苹果以及三星均已进入数字化的第四阶段，他们清楚地认识到了设备以及整个生态系统的实际使用情况。人工智能开始通过苹果的 A11 仿生芯片（A11 Bionic chip）及其"神经引擎"（neural engine）与设备结合，这一对处理器专门用于脸部识别、动画表情以及增强现实等机器学习任务。

但还是有一群人持不同观点，认为第四阶段的数字化实际上限制了创新。原因是第四阶段创造了一种认知偏见，即到目前为止消费者已习惯了这种体验，也投入了很多来理解这种体验，并进一步将之融入自己的生活；随后生产商利用这些使用数据，强化并更好地满足消费者的需求，而这个循环大规模重复，相当于反复强化和巩固过去。

然而，可以换个角度看这个问题，我们相信这正是数字化的根本益处所在。从历史的角度看，当市场演变至发展完善、广为接受的程度时，突破性的创新对市场研究者或重点人群几乎已经没有什么意义了。原因很简单，人们只能基于自己的经历去衡量任何新产品的价值。已故管理大师彼得·德鲁克对这种"问市场"（ask the market）的创新方法深信不疑，史蒂夫·乔布斯也一样。两人都相信，尽管市场对一种产品表现出了不满，却无法预见存在于现有产品指导框架之外的解决方案，正如马歇尔·麦克卢汉（Marshall McLuhan）在 1955 年所说，"随新技术而变的是框架，而不仅是框架内的事物"。[12]

归根结底，如果你问市场它想要什么，答案会是："就是现有的这些东西，但要更快，更便宜。"数字化的承诺则是，无须市场自己发声说明需求，个人隐藏的行为将驱动创新。

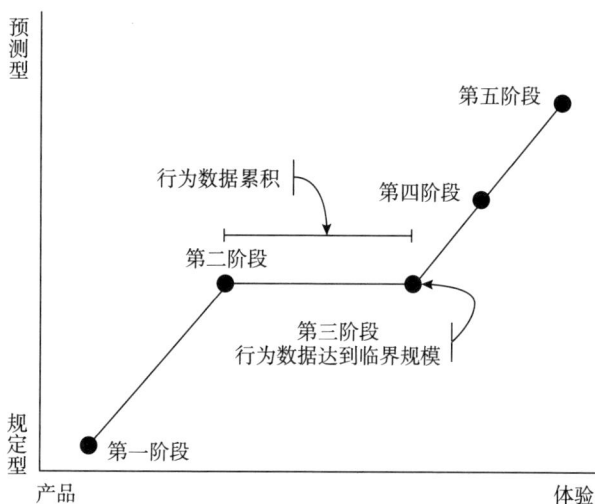

图 6.1 数字化各阶段

图 6.1 说明：数字化的五个阶段。第一阶段，严格规定的产品，彼此毫无关联也无法收集行为数据。到第二阶段，由有基本关联的产品和更好的体验组成。第二阶段到第三阶段的过渡主要集中在更大的关联性上，提升了体验，但产品的预测能力并未随之提升，因为尚未收集到所需的数据。一旦临界规模的数据收集完毕，产品进入第四阶段和第五阶段，至此，行为数据可以揭示预测性或体验性的创新。

这正是目前智能手机所处的阶段。人们太习惯于渐进式创新，以至于形成了一种幻觉，即产品基本都大同小异，无论是汽车还是智能手机，很难想象会出现什么商品能够替代我们正在使用的产品。从历史角度看，在这个节点，生态圈和商业模式也是一成不变的，这就是前文描述过的柯达挑战，虽然柯达始终坚持工业生态圈模式，但其原理同样适用于数字生态圈。

数字化的作用就在于，其建立了产品与用户在数字自我上的关联。如今，我们不再依赖粗略的人口趋势和自述行为来发现创新的领域，创新现在变成了客户或消费者实际行为的直接结果。

你并非自己所想的那样

通常，人们的实际行动总跟自己所想的行为相去甚远，因为人对自己的印象一般都带有偏见。你若不信，可以找一个你很熟悉的、注册过相亲网站的人问问，他们在网上看到的某人的照片是不是经常跟见到的本人很不一样。关于这方面的研究表明，尽管的确存在欺骗的可能性，但在大多数情况下，仅仅是因为人们对自己的认识存在偏见。[13]

例如，多芬就是一个非常好的例子。2013 年，多芬"真美行动"（Real Beauty Campaign）制作了一个在线视频。视频一开始出场的是一位法医艺术家，其工作职责是根据目击者的描述画出罪犯的样子。这位法医艺术家坐在隔墙的右侧，隔墙的左侧坐着一位女士，向艺术家描述自己的模样，好让艺术家据此为她作画。其间艺术家和这名女士一直看不到彼此。[14]

等这名女士说完，把她带出去，再依次请她的几个朋友坐下来，逐一向这位艺术家描述这名女士，最终艺术家把根据这名女士的描述完成的画像，和根据其朋友的描述完成的画像挂在一起，再把这位女士带回来看，她自己描述的版本显然比朋友眼中的她更加憔悴、疲惫和烦躁，巨大的反差让她流下了眼泪。这一广告的目的在于说明我们对自己的印象很少是精确的，总会受到自己复杂的精神状态的影响。[15]

这一现象很大程度上也可以拓展到人对自己行为的理解上。比如，你是否经常碰到，当你跟别人谈论其在前一天所做的事情时，他们却说没有做过或完全没有印象？再比如，密友、亲戚甚至是配偶身上有一些简直让你抓狂的怪癖，而他们自己却浑然不知？

这也是在说到超个性化这个话题时，对人们来说极难接受的事情之一。人们深信自己十分清楚自身的每一个行为，了解吸引我们和不吸引我们的分别是什么，可以分毫不差地回忆起自己的行为和想法。但研究表明，事实并非如此。

从20世纪80年代起，已经有大量可信的证据表明，人们对自己所做的事情知之甚少——大概只有5%。剑桥大学心理学家安东尼·马塞尔（Anthony Marcel）博士在"80后"身上做了很多实验，这些实验也是证明这一点的绝佳范例。在其中一个实验中，他的病人是有"盲视"症状的人，即他们的眼睛和视觉神经都没有受伤，功能正常，但由于大脑受到了损伤，使病人处于失明状态。就好像是给摄像机连上网，却找不到 IP 地址一样。

马塞尔博士会在这些病人双臂可触及的范围内放上东西，然后让他们伸手去拿这些东西，同时用高速照相机记录他们的一举一动。根据《时代》杂志上一篇关于这项研究的报道："影片表明病人并没有摸索，而是直接伸手去拿这些东西——这个动作表明他们十分清楚东西具体的位置、形状和大小，'一开始，他们认为我疯了，因为他们看不见任何东西，'马塞尔博士说道，'但当最终尝试的时候，他们准确地拿到了东西，实验结果表明，他们的视力在一定程度上是非常好的，只是他们不知道自己能看得见。'"

这也被普遍认为是市场人员很难通过团体深度访谈，预估新产品能否成功的部分原因；也是企业纷纷放弃带有严重偏见的方法，转向理解行为的原因。实际上，现代团体深度访谈的创始人，精神分析学家厄恩斯特·迪希特（Ernst Dichter）于1938年从越南移民到美国，他曾经说过："人们在尝试解释做出某种行为的原因时，会惊异于我们是如何误导自己的。"

近 100 年来，企业一直在试图了解大众市场，仿佛构成市场的每个人都有同样的动机、需求和欲望。人们如此沉迷于这样一个"市场"的观点，以至想当然地接受，如果一个产品或服务不能满足个人需求，那很明显，作为消费者，我们应该调整自己的需求。毕竟，一个品牌不可能满足所有人。

但只有当你能够将大众市场模式，与真正理解每一个消费者的能力进行对比时，这种模式的缺陷才会凸显出来；然而，理解能力是无法进行等级量化的。单就规模而言，你要么是一个跟个体消费者打交道的小企业，要么就是一个跟大批同类型消费者打交道的大企业。

大众营销带来的另一个问题是，由于与消费者的需求、特征或行为不符，千篇一律的产品总会被退回，即便未退回也很少得到使用，或很快被丢进垃圾桶。但仔细想想就会发现这是一个奇怪的现象，因为如果一个产品不适合，人们100%会退货。但事实并非如此，人们还在坚持用这些产品，因为我们愿意相信它适合我们，是我们自己的问题而不是产品的问题。那条紧身牛仔裤穿在网模身上简直好看极了，如果穿在我身上肯定也非常好看，前提是我要努力穿上才行。

零售业的一项退货情况报告显示，"在美国零售商失败的销售案例中，商品总退款额高达2 605亿美元。这个数字大到什么概念，如果退款商品能代表一家公司的话，它能在《财富》500强中位列第三名"。[16]

这对产品可持续性而言无疑是一个严峻的挑战，一篇刊登在《华尔街日报》上的文章总结得很到位，"那件在商店里看似很完美，但到家怎么看怎么不对的衣裳，你从来没穿过，却始终无法狠心丢弃，它就在衣橱的一个角落里，被贴上了

'遗憾'的标签"。[17] 我们可以将此归因于"疯狂的消费主义"（rampant consumerism），但并未找到解决方案。谴责市场是傻瓜才会干的事，处理这个问题的关键在于找到方法为消费者增值。这种方法阻挡不了沉溺于购物疗法的人，但它会引起更多消费人群的注意。这些人希望自己买到的是穿上看着好看的衣服，而不是徒有一个令人欣羡的衣橱，里面写满了遗憾。

超个性化可以显著改变这一点，让企业在实现扩张的同时，又能与每个消费保持亲密的联系，理解其行为，这就形成了一个良性循环。消费者体验大幅改善，参与度就会提高，品牌便得以了解更多关于消费者的信息，如此循环往复。这个循环每重复一次，品牌和消费者之间的相互忠诚度就更进一步，竞争对手就更难介入。就服装而言，这可能意味着零售商拥有行为数据，可以根据样式、尺寸、剪裁、耐用度以及其他因素来判断什么样的服装最适合你。这就是超个性化的价值，与每一个消费者建立超个性化的关系，增强消费者对品牌的信任度。

超个性化的最终目的是主动满足消费者的需求，而无须其本人花时间或精力去思考自身的需要。这听起来可能怪怪的，但这是当今世界运行的核心原则。汽车上配备的防抱死制动系统就是一个非常好的例子。它就在那里，人们从没学过该如何使用它，大多数人甚至不知道它是什么、怎么工作，但它随时可以帮助我们并保护我们的安全。同样，按照本书的说法，它是看不见的。随着人工智能的进步，汽车已经到了能够感知危险、预测车祸，并避免车祸发生的地步。这就是超个性化所带来的信任关系，是一种目前只有人类彼此才能建立的关系。

超个性化的关键是将业务的方方面面都围绕消费者体验展开。安尼什·乔普拉（Aneesh Chopra）是奥巴马政府时期的CTO（首席技术官），他曾写过一本名为《国家创新》（*Innovative State*）的书。在书中他描述了 Aetna（安泰保险）如何通过把客户置于健康医疗生态系统的中心，创造出一种超个性化的与客户打交道的方式。

> 客户致电（安泰保险的）护理呼叫中心，该中心有一个 IT（互联网技术）控制室，当有客户呼叫护士时，该护士的屏幕上就会开启一系列应用，提供各地区从环境因素到质量措施等政府数据——以便能给出建议。这样一来，从佐治亚州某医院出院的病人就能得到俄亥俄州护士的定制化帮助，包括预约最佳的治疗场所，获取美国国立卫生研究院（National Institutes of Health）关于他们健康管理状态的最新数据等。[18]

安泰保险所用的这种基于控制室的方法，用到了三个交互的矢量，以确定客户的具体情况：客户的医疗史、当前的生理状态，以及他们具体的位置。你可以回想一下自己看病的经历，特别是在护理的连续性尤其关键（急诊或从一个临床医师转至另一个）的情况下，这三项构成了 90% 的决定因素，在此基础上才能予以水平相当的护理：你的医疗史、你的当前症状、你去哪儿才能获得所需的护理。美国每年花在不必要的急诊出访上的开销将近 4 000 亿美元，如果医疗行业能采用超个性化的方法，其经济回报以及治疗的整体效果均会得到显著提升。

大卫·帕克（David Park）是 VirtuSense 的创始人兼 CEO，他跟我们分享了另外一种情况，超个性化可以对老龄化人口的医疗保健产生巨大影响：

> 仅就美国而言，每年有 1/3 的老人会摔跤。我们的任务，简言之，就是减少摔跤，让老年人安度晚年。我们给家庭及老年人住所部署保护性、防护性的方案，并计划利用机器视觉、人工智能以及数据分析，把这些预测及防止摔跤的方案应用于医院。我们的大目标是尝试通过创新技术和数据分析让老年人能安度晚年，这对健康行业来说意义非凡，因为我们所有人都面临一个共同的大趋势，即全球人口老龄化。在未来几十年内，这将影响我们的社会、医疗以及政府，我看过的所有研究都表明：预计所有工业化国家的人口寿命都将延长。
>
> 举例来说，假设我们现在正跟老年社区一位管理人员打交道，该社区有独立的居住公寓，有辅助生活设施，以及技能娴熟的护理中心，所以他拥有了全方位的护理设

施。他说："我想要知道住在这里的老年人是不是在吃饭、吃药，或他们的记忆力是否发生过重大变化，这样我们就可以安排医师接诊计划，避免接下来更加昂贵的步骤。"

显然，这种对每一个住户的透彻了解，又把我们重新拉回了隐私的问题上，我们请大卫谈了谈 VirtuSense 在处理监控方面的情况。

我们什么都没录，实际上我们让客户自己选择是否要关掉摄像机。如果关掉，我们就只是把图像变为一个化身，基本上就是一个类似简笔画一样的人物，你无从判别这个人是男是女，或者是胖是瘦，这样就保护了隐私。我们甚至可以把这个简笔人物都关掉，只是在出现状况时发出一个提醒而已。当然了，人都会有担忧，这很自然。但现实情况在于，多数老年人希望尽可能待在自己家里。使用这项技术可以满足他们这个心愿。如果你在一家护理中心，用同样的装置，这种级别的保护监控就可以避免接受下一级护理——疗养院。

举例来说，阿尔伯特·爱因斯坦医学院（Albert Einstein College of Medicine）在过去 30 多年研究了 300~400 位老年人，他们发现，在行走速度测试中，如果一位老年人的行走速度为每秒 0.7 米或更慢，那么他们在接下来的一年内摔跤的可能性会增加 54%。所以我们建立了行走速度分析，观察老年人一天的行走情况，如果其行走速度比我们预估的数值低，就会触发预警。我们已经在梅奥医学中心（Mayo Clinic）、克利夫兰诊所（Cleveland Clinic），以及一些经验丰富的大型养老院布置了 100 多套系统。

不过更积极的意义在于减少可能的摔跤次数，仅仅是在美国的医院，这个数字就可以达到 100 万。一般来说，医院的病人在想要自己下床去卫生间或拿东西时会不慎摔倒。

我能想到的一个具体的例子就是，大概在一两天的时间内，一位病人在没有护士陪护的情况下跌倒了 3 次，而其中只有 1 次触发了医院的床垫警报器。更糟糕的是，它还给护士站发送了 24 次假警报。而相比之下，我们的系统只发送了 3 次警报，0 次假警报。但更重要的是，我们的系统给护士发送的警报信号比医院的床垫警报器提前了 40 秒。

VirtuSense 的方法提供了一种通过行为观察来帮助应对老龄化问题的思路。但为何要止步于此？我们认为，数字自我最大的影响之一在于应对更加艰难的医疗挑战，把数字自我的理念拓展到个性化的代言人——它在我们行动不便时代替我们。

个性化代言人

数字自我的终极形式就是自动化实体，能为它所代表的人类代言。尽管这需要我们进一步发挥想象力，但作为代言人的数字自我几乎已经具备了全部条件。回想一下我们在第三章说过的数字自我，其在任意指定时间段内的工作量都远远超过人类。关于这方面的应用，一个绝佳的范例就是医疗领域。

医疗系统中最严重的问题之一就是，因生理、精神或认知方面存在缺陷，无法提供本人的关键信息且没有监护人的患者，其十分缺乏医院提供的合理看护。这样的患者，需要一个"代言人"，陪护其与医生会面，监测其是否遵循处方药和疗法，帮助其预约看诊、确定承保范围和账单。

现在面临的一种典型的情况是，病人身处急救室，无法提供当前的用药清单，没有医疗记录，也不能描述来到急救室之前有何经历，因为他们的身体机能或认知受损，不能有效地与护理人员交流协作。

即使家庭成员或朋友在场，他们也不太可能掌握所有信息，甚至很可能在向临床专家传达信息时出错。当今复杂的医疗系统创造了一个异常难解的迷宫，即使是多数清醒的寻医病人都很难驾驭。而对没有能力自行处置这些，且没有监护人的病人来说，这几乎是不可能完成的任务。临床环境中因为这种复杂性出错的情况非常普遍，而系统中的各方都要因此而遭罪。

这个层面的个性化代言人需要具备三种能力：能够获取并使用病人以往和当前的所有医疗信息，以便与临床工作者和病人的医护提供者（主要服务提供者）交流协作护理事宜；能够基于行为和习惯中的变化，对可能的医疗问题及早预警，这些症状可能说明了某种潜在的情况；确保病人正确服用处方药物，遵从疗法以及其他治疗。

医疗护理的另一个难题是确定保险公司。当你们处于健康状态，在心智、情绪及生理能力等方面都能胜任相关工作时，这件事都尚且会让人觉得力不从心，对一个与疾病做斗争的人而言显然更是无力应对。然而讽刺的是，病得越重，在心智、情绪和生理等方面能力越弱的人，往往面临的损失越大，需要处理的问题难度也越高。

已经有公司把这当作一项服务向顾客提供，如医疗服务协调员（Patient Navigator）是提供医疗保险方面的专家，作为病人的个性化代言人。有一个例子就是，一个客户［我们姑且称为玛丽亚（Maria）］委托该公司"打破一个持续 4 年之久，关于拖欠服务提供者总计 8 万美元医疗赔偿的僵局。她的情况需要跟医疗保险（Medicare）、社会保障管理总署（Social Security Administration）、国家民事服务委员会进行探讨，还涉及两个本应帮助玛丽亚获得她应得的保险赔偿的退休人员团体健康计划。首先，医疗服务协调员帮助玛丽亚在联邦政府医疗保险 B 计划（Medicare Part B）注册，终止了她的一个退休人员医疗计划，然后他们一起处理她其他的医疗计划，把所有未解决的诉讼妥善解决。他们与玛丽亚的很多医疗提供者协商达成和解，让她不用再缠着公司讨债，最终打破了保险公司的索赔僵局，玛丽亚的提供者债务减少到了175美元"。[19]

还有一个例子是，公司"受一位女性之托帮助她年迈的父亲，这位老人是一所知名肿瘤医院的病人，她要求医疗服务协调员的代言人索里利亚（Zorrilla）医生陪父亲去见他的肿瘤科医生，协助在肿瘤科团队、她的父亲以及家人之间准确传达信息。例如，在老人突然住院治疗，进行优化护理的过程中，联络人员十分必要。老人因为自己的状态，无法表达自我，他的孩子虽已长大成人，但因为都住在城外，无法常来医院看他。应他们之邀，索里利亚医生出现了，他提出在为该病人诊断病因的医院进行第二次诊断，从而准确发现了潜在的问题，最终让病人能够病愈回家与自己的妻子团聚"。

预计到2040年，美国1/3的花销将用于医疗，显然到时这种代言人将十分必要。[20]我们建议这种代言人的角色可以（至少部分）由你的数字自我来担当。只要掌握你的医疗记录和保险记录，全天候监测你的健康状况，结合更大的医疗生态系统，现在就能把数字化作为超个性化辅助医疗手段，还能使其为我们所用。

数字在医疗领域可大有作为的最后一方天地，可能正是超个性化的终极表现形式：制定日常饮食、药物，甚至按照个人基因组制定其他疗法。所谓个性化医疗、基因医疗、精准医疗以及营养基因学，这些方法正在引发医疗成效的改革。欧洲有一项面向 1 000 位肥胖人士、为期两年的研究。参与者被分为两组，每组的饮食每天减少 600 卡路里；除此之外，其中一组参与者（营养基因组）的基因组情况也是已知的，其饮食根据基因进行定制，借助基因标记，发现其对某些食物过敏或无法代谢。两年的时间内，营养基因组的体重比对照组下降了33%。相较于对照组两年内所减下的体重，营养基因组在每年年终的减肥情况也非常好。

这一结果的很大一部分驱动力，源自人类基因测序费用的下降，从 2000 年的 3 亿美元（最初基因测序的成本）下降到2007 年的近 1 000 万美元，2008 年又下降到 100 万美元，而今天只需要不到 1 000 美元。预计这项花销会在未来 5~10 年内下降为不到 100 美元，成本下降的速度甚至超过了摩尔定律对半导体技术进步速度的预测。2001—2016 年人类基因组测序费用下降情况如图 6.2 所示。

因此，在基因组基础上探索多种疗法对个人的影响，能够给医疗领域的未来带来巨变，从采用"标准护理法"、普遍适用的医疗模式，转向根据每个病人独特的基因，为其确定最佳疗法的超个性化的模式。

通过基因标注的方法，可以追踪癌症病人对药物和疗法的具体反应，而这一方法中比较有前景的应用当属癌症治疗。时至今日，已发现的可作为某些疾病标记的基因超过 1 800 种，目前已有 2 000 种基因测试，进行了 350 多次针对具体基因的生物技术疗法临床试验。[21]

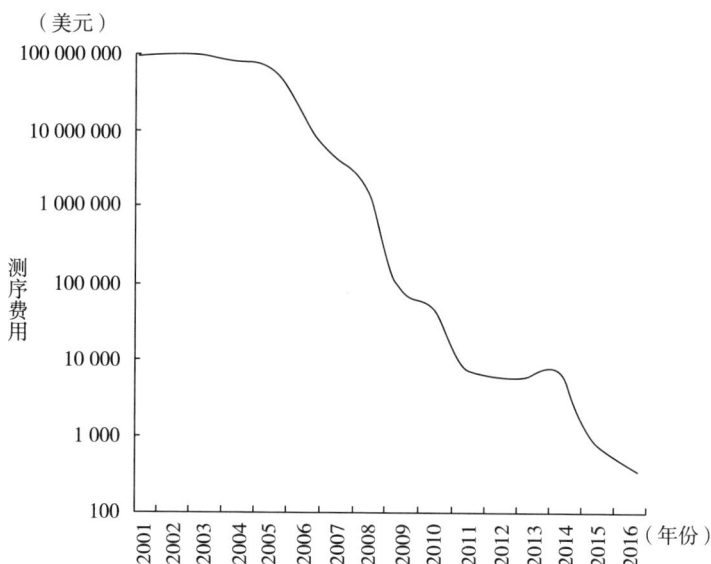

（美元）

图 6.2　2001—2016 年人类基因组测序费用下降情况 [22]

　　要把如此多的敏感数据交付给各种实体，以便实现这一层次的超个性化，这难免让人心存疑虑，由此产生的诸多障碍也是可想而知的。但是当前，对数据以及医疗系统中所有相关方而言，无法顺利获取这些信息（哪怕能获取一点儿）所承受的风险远比数据公开高得多。而且这还没考虑快速老龄化人口因疾病治疗效果差所带来的与日俱增的经济和社会负担。今天，年龄在 65 岁以上的美国人口达到了 15.5%，但其医疗费用却占据总人口医疗费用的 35%。到 2050 年，超过 65 岁的人口比例将攀升至 23.5%，假设医疗费用的贡献比例保持不变，那么到 2050 年，超过 65 岁的人口的医疗费用在总人口医疗费用中的比例将达到 50%。[23] 而且这一比例只会更高，因为 65 岁以上人口比劳动年龄人口的增长速度更快。

显然，数字代言人将惠及全球所有人。但一个简单的事实就是，无论是从护理费用还是从效果的角度看，当前状况都极其低效而且难以持续。有了数字代言人，就可以实现医疗的超个性化，从保险理赔的执行，到获取跨多个服务提供者的持续护理，再到与你的基因匹配的个性化药物，这些不只是锦上添花，而是为全球越来越多的老龄化人口提供医疗服务势在必行的举措。

的确，数字代言人也许不同于人们以往想象的全能机械机器人，但我们认为，其未来的发展轨迹很有可能会遵循人工智能的轨迹，逐步向特殊用途的机器人演化，应用于比较狭窄、有限的领域，带来十分清晰的价值。这些合作式机器人［我们称之为"合作机器人"（collabots）］跟 R2D2（阿图）或 C3PO（礼仪机器人）完全不同，不像它们那么讨人喜欢。但它们减少了商业和人们日常生活中的摩擦力，可以让我们直接获益。

机器人

　　说起对未来的畅想，没有什么比 20 世纪的创新符号——机器人更合适的了。"机器人"这个词最早见于捷克斯洛伐克剧作家卡雷尔·恰佩克（Karel Capek）的剧本《罗素姆万能机器人》（*Rossum's Universal Robots*）。但它真正流行起来是因为艾萨克·阿西莫夫（Isaac Asimov）的《环舞》（*Runaround*），阿西莫夫在这本书中提出了机器人三定律，我们会在本章后面探讨。

　　从那时起，成千上万的书籍、电影、电视剧便开始把机器人的形象理想化，从《杰森一家》（*Jetsons*）到《迷失太空》（*Lost In Space*），再从 R2D2 到瓦力（Wall-e），机器人成了未来的常伴，它让我们的生活更加方便：它会做家务，能不知疲倦地为我们服务。

　　对我们这群怀着"机械奴仆"印象长大的人来说，我们深信，终有一天人类会对机器人司空见惯。但我们还得出了这样的结论：机器的未来远远超乎任何人的想象。对大多数人来说，机器人总归是一个新玩意儿。而接连出现的消费级机器人，包括索尼的 AIBO（机器狗）、本田的 Asimo（阿西莫）、乐高级的 MindStorms（头脑风暴机器），以及盛极一时的 RoboSapian 仿真玩具机器人，让人们对消费级机器人的期待大打折扣，无非都是些价值不菲的玩具罢了，即使是最狂热的粉丝也会迅速感到厌倦。

与此同时，人类的机器人朋友迅速在早期媒体中流行起来，马文·明斯基（Marvin Minsky）在麻省理工学院建立了第一个人工智能实验室，明斯基早期的工作为机器人前 50 年的发展奠定了基础，促进了爆发式的投资及机器人在生产领域的大规模应用。但家庭机器人还是一个遥不可及的梦，直到 iRobot 公司开发出了据说是第一台有用且在商业上非常成功的家庭机器人。

iRobot 制造的机器人主要用于外星人探测、战场上的军事应用，以及清理布雷区等工作。2001 年，在美国遭遇恐怖分子重创之后，iRobot 制造的机器人参与了在世贸中心的废墟中搜寻幸存者的工作，这让 iRobot 声名鹊起。公司取得稳步发展，但还是难以进入消费者市场。2000 年，iRobot 的联合创始人兼 CEO 科林·安格尔（Colin Angle）认为，是时候再次尝试冲击消费者市场了，但这一次却没有《杰森一家》中的夸张和承诺，而是用一种更贴合实际的方法。

科林想要改革历时 150 年之久的行业，虽然其间出现过大量创新，但到底还是一个囿于渐进式创新的行业。在可以自动操作多数家务琐事的背景下——换言之，洗碗机、洗衣机以及微波炉等都可以无须你看管就自行工作——房屋清洁方面有一项工作从 20 世纪初至今几乎没有任何进步：清理地板。吸尘器和拖把经历了无数次渐进式创新，但还是需要有人来做这项工作。

如果你是吸尘器制造商，你会怎么创新？你肯定会让吸尘器工作起来更快、更高效、更轻便，因为从市场调研以及和团体深度访谈中得出的就是这样的结论。

所以，不妨想想，如果你的公司是卖吸尘器的，而有人向你建议，应该彻底淘汰吸尘器，你一定会立即让他们走人。

这就是为什么 2002 年当 iRobot 推出 Roomba，一台看起来毫不起眼的吸尘器，但实际却是典型的科幻机器人时，根本没人注意。关于机器人吸尘器的想法，并没有什么特别的创新之处，基本的传感器、部件以及软件等都是 iRobot 研发的，要不就是已经以某种形式在机器人领域应用过了。依照科林所说，纵观 iRobot 公司 13 年的发展历程，在推出 Roomba 之前，朋友们和相关人士都会不停地问，iRobot 是否能发明一个帮助他们打扫屋子的机器人。所以，到底是什么妨碍了iRobot 和如此多的其他制造商，尤其是典型的市场先入者，比如 Electrolux（伊莱克斯）、Hoover（胡佛）和 Oreck（奥雷克）为何不推出机器人吸尘器？[24] 跟很多创新一样，这个想法被搁置一旁，考虑到消费级机器人的历史，人们认为这简直是异想天开。还记得我们前文的描述吗？第一阶段或第四阶段的创新尤其难以实现突破，有很多人愿意继续购买传统的吸尘器，因为他们已经用习惯了。

但科林和他的同事还不愿意放弃：他们不怕尝试，自身在小巧、紧凑、低成本的机器人方面具备充足的核心竞争力，他们拥有多年在太空以及军事应用等领域实际解决方案中累积的经验，最重要的是，他们没有囿于传统吸尘器的观念。科林在麻省理工学院的经历教会他：关键不在于明白机器人是什么样的，而是机器人能做什么。出发点很简单，就是让它简单、实用、有效。这正是我们在描述合作机器人的理念时所说的，他们跟人类合作，处理某一领域的具体任务。

iRobot 预计 Roomba 第一年的销量不超过 15 000 台，结果大大出乎他们的意料，其销量突破了 90 000 台。从一开始就显而易见，Roomba 在市场上引起了极大的轰动。从那时起，iRobot 生产的 Roomba 和 Scooba（斯库巴）就成了机器人吸尘器以及硬地板拖把市场的领军者。

iRobot 是少数几个从数字化第一阶段一路走到第三阶段（很快就会进入第四阶段）的公司，尽管这是一个罕见的例外，但 iRobot 有能力耐心地等市场过渡至第二阶段、第三阶段。随着 iRobot 在家庭中的地位逐步得到巩固，它也开始收集行为数据。一开始是收集设备自身存储的本地数据，后来采用亚马逊的数据存储云，远程收集相连设备的数据，还与亚马逊的 Alexa 家庭助手联手协作。在向数字化第四阶段过渡的过程中，出现了最高端的 Roomba，可以捕捉、传达家庭的户型图及屋内物品等信息。

你家的机器人吸尘器在清扫地板上日常累积的灰尘时，也在整理一种完全不一样的灰尘：数字灰尘（digital dirt），关于你家的布置以及你的日常习惯等大量细节。它的机载传感器以及摄像头还在开发一种关于你的智能，这对其他零售商以及服务提供商来说有巨大的价值。

难怪科林把他们的家庭机器人称为"智慧之家的缔结组织"。

地毯上有一大块宠物留下的污渍？浏览器中突然出现地毯清洗产品以及宠物除臭剂等广告会让你大吃一惊。不仅如此，亚马逊还会自动把清洁这块讨厌的污渍所需的一切东西送上门，你根本无须提出要求。你不喜欢这样？那就给它送回去，不过亚马逊相信你一定不会这么做。

尽管 iRobot 已经明确表示，不会把这些数据卖给第三方，但它同时也表示在取得客户许可的情况下，可以免费分享数据。iRobot 在《纽约时报》的一篇文章中再次强调了这一点，并进一步阐述：他们"一定会保护消费者相关数据的绝对隐私"。消费者无须把 Roomba 连接到网络就可以使用它，或"选择放弃通过手机应用上的交换器把地图数据发送至云端，且不向第三方出售任何数据"，并在声明中补充说，"没有消费者的事先同意，绝对不会跟第三方分享任何数据"。

但还有一个不常谈起的小细节，我们相信它预示了，让人们的家庭、车辆以及种种行为最终完全暴露的趋势在所难免。

所有创新的最终驱动力是经济，只有追逐商业利益，你才能看到未来的方向。对机器人的发展而言，也是同样的道理。

在宣布了 iRobot 的行为学能力之后，这家公司的股票暴增，从 7 月 24 日的 87.90 美元增加到 7 月 25 日的 106.49 美元。从开始写本书起，这是 iRobot 公司 10 年来第二大单日涨幅。股价几乎是 2016 年的 3 倍，这说明投资者非常重视公司获取、分享、融合数据行为并进行变现的能力，这是我们所在的新型数字生态圈的组成部分。

尽管 iRobot 得以"管窥"机器人如何适应物理世界，但它所采取的捕捉、使用行为数据的基本原则同样适用于几乎每一个消费者行业。那么，我们为什么没有在家庭中看到越来越多的机器人呢？

这又回到了法航 447 号航班的例子，回想一下，驾驶舱中持续不断地回荡着机器的提醒，而两位飞行员始终充耳不闻。我们还处于这样一个阶段，认为人工智能意味着烦恼、新奇，但绝对称不上必需的合作伙伴。克服这种偏见，也是机器人设备实际应用效果的体现之一。这就是 iRobot 一直能做得这么好的原因。可能很多家用机器人的情况基本一样，但我们希望进一步拓展一下你们的想象力。

犯错的狗

科林谈到的黏合剂其实是家庭的整体智能，但为什么用途单一的机器人会成为家庭智能的中心呢？机器人吸尘器并非生活在一个真空环境中。它要跟其他无数智能装置打交道，包括家庭本身。智能不在于其中的某一种设备，而是一种超越所有智能的元智能——实际上，连你邻居的家庭智能也不例外。这样，行为线索就不限于你最后一次动褥榻是什么时候，而是全部的家庭生活。缺了哪一点，从定义上来说，对行为的理解都是不完整的，会导致不称职的机器人做出非常傻的事情，反过来又会让我们忍不住怀疑它真正的认识和理解水平。

我们认为，人们不愿意使用机器人的核心问题在于信任（或缺乏信任）。信任是人类特有的一种感情，建立信任需要三个基本元素：对表现的期待，一贯的表现，对表现欠佳毫不回避。

先从人的互动出发思考这个问题，当我们相信某人时，我们其实是基于他之前的表现进行判断的，这个人可能是由一位已经获得我们信任的朋友推荐的，或者我们认识他们的时间很长，对其以往的表现很了解，因此自然而然产生了信任。同时，我们还不断地在脑中继续记录他接下来的表现。如果这种信任受到了威胁，我们就想通过他本人而非其他渠道了解情况。比如，如果你有一个深得你信任的管家或清洁人员，不慎打碎了一个传世的花瓶，你会希望他自己承认这一点，如果他们不主动承认，而是你发现了这个花瓶被打碎了，并且知道花瓶在自己出门前还是完好的，你很可能就不会再信任这个人了。

但如果是 Roomba 做了这样的事，你不太可能指望它会主动坦白，你会因为花瓶被打碎感到心碎不已，但绝不会发泄到 Roomba 上，更不会因为信任度受损而感到失望，因为一开始你就对它没有什么信任可言。如果你真要采取什么行动，很有可能是给 iRobot 打电话，向一个人来表达你的不悦。然而，一旦我们跨过了这道坎，接受超个性化的体验，就会发生一些有意思的事。

我们用一条非常聪明的家养狗来代替 Roomba。我们特意用狗举例，是因为狗是可以被训练出来的（先给我们爱猫的读者道个歉）。假设你家中到处都是这些易碎的珍贵物品，你教会了自己的狗不要去某些房间，以免造成意外的损失。如果它真的进了某个房间，打翻了同样的花瓶，你会有什么反应？毫无疑问，你会训斥你的狗，为什么？花一分钟时间想想这个问题，答案与我们对"信任机器人"的讨论息息相关。

你会训斥宠物是因为它有学习的能力，如果你不训斥你的宠物，而是随后装了一扇门或者封上了这个房间，可能是因为你觉得你的宠物无药可救。无论是哪种情况，你的行动是基于习得行为的概念和价值的迁移。意思是说，你想要通过相应的奖励或惩罚让宠物知道，执行或不执行某些行为构成了获得奖励或遭到惩罚的判断依据。

我们刚刚描述的是一种普遍理解的思维模式，诠释了人们如何看待人类与家养动物的互动。但其可能不像人类彼此的互动思维模式那样复杂，后者更为丰富，因为是用言语交流。即便如此，我们跟动物之间还是能相互理解，形成一种信任纽带的。一个最有说服力的例子就是服务犬，它与主人之间建立了一种极其伟大的信任纽带。

人类－动物框架中有一些非常值得学习的重要教训²⁵，历来都是，服务型动物能取代、增加或增强我们人类的能力。想想就信任而言这意味着什么，我们信任它们，背后的根本原因是它们理解我们。它们做得越好，就越能获得人们的信任。无论是一头拉犁的老黄牛，还是一只追踪狐狸的猎狗，它们都是人类自我的扩展。人们的期待就是它们不仅会为我们服务，而且要比我们自己做得更好。这是所有信任背后的必要框架，也是为什么人类愿意暴露自我的程度与期待获得的信任之间会有直接关联。

这种类似的框架的确还不适用于我们的机器人，至少就产生信任纽带的方式来说是这样。你很可能认为两者永远不可能相同，毕竟，这些是机器，而非有知觉的生物。

艾伦·图灵（Alan Turing）为机器设定了可与人类媲美的基准。图灵的功劳在于，在第二次世界大战期间他发明了打破德国人密码系统 Enigma（恩尼格玛）的电脑。如果没有他，战争的结果也许会完全不同。实际上，丘吉尔称图灵和他的团队是"下金蛋的鹅"，赞叹他们的工作为联盟军取得胜利做出了卓越贡献。

图灵建立了最基本的计算体系——图灵机（Turing Machine），定义了近一个世纪以来的软件该如何工作，即如何编程电脑，使之遵守一套预设的规则或编码。电脑无法提出这些规则，它们只是在执行这些规则方面异常迅速。

如果电脑犯错了，那是因为人类在编码电脑的过程中出了错，这都是非常线性的而且是可预测的问题，想想那个经典的"非此即彼"逻辑，每一套预编程的互动都是建立在这个基础上。

但图灵提出了假设，即到一定程度后，电脑将不再严格遵从预先设定的规则，在这种程度上，"如果它能骗过人类相信它是人，这台电脑就应该被称为智能"。

我们会给动物和自己的宠物取名字，使之人格化，就像你会给自己的特斯拉取名一样。这样做的意义在于我们如何把人类特有的架构，如信任和忠诚引入我们与非人类伙伴的互动中。我们认为，这就是人类与机器的关系中最重要却缺失的那一方面，这将会对如何建立品牌和消费者的关系带来颠覆性的变革。超个性化需要一定程度人类化的人工智能，要能够在某种程度上鼓励人们显露自己的行为，这种程度远超出我们已习惯的程度。

人们期待从这种亲密联系中获得什么回报？一言以蔽之：忠诚。

第七章

忠诚品牌：大众化营销的终结

"企业最大的竞争优势是其学习能力，以及把所学知识快速转化为行动的能力。"

——杰克·韦尔奇（Jack Welch）

理查德小小年纪就必须肩负起养家的重担出去工作。理查德的父亲曾富甲一方，但在一次农场风险投资中输掉了全部家当，收拾残局的工作却落到了理查德头上。他下决心一定要想办法获得稳定的经济来源。可能也是这个原因，促使这个足智多谋、年仅21岁的小伙子当上了车站管理员。

这在当时可是一份美差。

19世纪，铁路是美国的命脉，保证了货物的快速运输，推动着经济高速发展，相当于我们今天的互联网。理查德学过摩斯密码，曾是一名业务熟练的电报员。当时这还是个朝阳行业，电报员是一个非常稳定的职位。但是他总在寻找赚外快的机会。

有一大批手表在出售时遭到当地珠宝商的拒绝，他借此机会大胆向店铺老板建议让他来尝试进行销售。理查德到底是怎么与珠宝商沟通的，我们不得而知，或许是用他已十分娴熟的、与众多同事保持联系的电报吧，但无论是哪种方式，很快他就收到了来自美国各火车站管理员的手表订单。

理查德最后赚了5 000美元，大概相当于今天的1 0000美元。这笔钱成了他与当地钟表匠阿尔瓦·罗巴克（Alvah Roebuc）一起开始钟表及珠宝邮购业务的本钱。3年后，理查德·西尔斯（Richard Sears）以 10 万美元，相当于今天将近 200 万美元的价格出售了刚起步的业务。

理查德带着赚到的现金前往艾奥瓦州，当起了银行家。一般来说故事到这里很可能就结束了，但是没有。27 岁的理查德当时满脑子都是邮购业务。首次尝试的成功让他尝到了甜头，他不停地想如果回去自己还能再做点什么。于是他又回到了明尼苏达州，并为西尔斯·罗巴克有限公司（Sears Roebuck and Co., 简称西尔斯公司）制作了首份产品目录，由此开始了即将改变美国接下来 100 年商品销售方式的业务。

他表示："西尔斯公司刚起步的时候，在美国的农村地区，农民会卖粮食换钱，去乡村杂货店购买必需品。但当他们拿着钱排队的时候，却止不住怒火中烧。1891 年，一桶面粉的批发价据说为 3.47 美元。然而零售价最低卖到 7 美元，几乎上涨了一倍。农民发起了'格兰奇'（Grange）等运动，抗议高价货物和中间商。"

值得注意的是，西尔斯公司的产品目录之所以能获得成功，可能要归功于蓬勃发展的铁路系统。虽然人们普遍认为，产品目录就是西尔斯最大的创新，但其实不然。西尔斯的根本创意，是借助产品目录和铁路系统来消除店铺中间商带来的摩擦力。

西尔斯公司的产品目录有你需要的所有商品，从头饰到墓碑应有尽有。同时西尔斯公司还承诺，"价格是本地零售商货物的成本价，避免你被敲竹杠"。

西尔斯公司发展迅猛，同样飞速发展的还有消费主义。尽管普通杂货店受到了极大的威胁，但零售业依然在蓬勃发展。

在那个交通系统日益发达，产品种类日渐繁多，非城市地区存在更多消费需求的时代，西尔斯的产品目录代表了一种提升市场效率的机制。

但在这个故事中有一点常常被忽略，那就是理查德·西尔斯还做了一件事。他的目录虽然提供了丰富的种类和选择，但在个性化方面仍然十分欠缺。相比之下，普通杂货店在了解客户需求方面更具优势，因为客户往往会向店铺透露更多交易以外的信息。杂货店不仅是一个买卖货物的地方，更是人们分享个人、家庭以及邻里信息的空间。

西尔斯的明智之举已成为20世纪零售和营销的典范。他从很早就开始向潜在客户寄送手写卡片。西尔斯深知与客户建立信任关系的价值，早在1903年他就做出了一个大胆的举动，向客户承诺如果对购买的商品不满意可以退货，成了开创行业先河的零售商。西尔斯非常热衷于与客户建立个人联系，因此早年的西尔斯公司产品目录上的几乎每个字都是他亲手写的。

除了提升购物便利度外，西尔斯还有很多其他举措：

· 首创产品承诺的理念。如果不满意，你有权退货。
· 通过每天处理75 000封客户来信，早在1906年就通过根据客户需求制定产品目录，赢得了大量客户的信任。[1]
· 引入了通过产品目录与客户建立长期关系的理念，到

1927 年几乎一半以上的美国家庭都有西尔斯产品目录。

1931 年，美国正处于经济"大萧条"（Great Depression）时期，西尔斯公司的盈利却高得惊人，相当于今天的 25 亿美元。接下来 10 年，其收益竟在美国 GDP 中占据了 1 个百分点。[2]

在依靠大量生产、营销和分销来实现规模的年代，西尔斯模式完美无缺。那么问题来了：如果我们今天要从头开始，重建西尔斯模式会怎样，这样建立起来的公司会是什么样子？人们首先会想到的是亚马逊。有意思的是，我们前面提到的三个区分因素：产品承诺、客户信任和长期关系，也适用于亚马逊的情况，但其中有一个非常重要的区别。西尔斯公司始终不清楚每位客户的需求，现在它已跟柯达、百视达等其他工业时代的巨头一样，似乎难逃日薄西山的命运，那么为何西尔斯公司至今仍无法了解个体客户的需求呢？

我们不妨再回顾一下柯达的例子。柯达的失败虽然是其发明的新技术所致，但其高层当时已经意识到了数码技术对胶片行业的威胁，只是他们没想到事情会发展到如此严重的地步。柯达致力于发展胶片事业，对传统工业时代的工厂、设备等进行了大量投资，而这也成了其自身发展的禁锢。在本可以考虑重整旗鼓的时期，柯达却自我怀疑，踟蹰不前。不过，工业时代的企业几乎不可能跟上供应链变幻莫测的步伐。就像要让一支由上千艘小船组成的舰队转向，必定是遇到了清晰可见的威胁，但转向需要花费大量时间。

柯达走向衰落还有另一个因素，这个因素要比工厂和供应链的问题还严重，几乎阻碍了工业时代所有企业的发展。但同时也正是这一因素——品牌，确切地说是客户对品牌的忠诚度——造就了西尔斯公司。西尔斯建立的品牌忠诚度延续了一个世纪之久，传承了五代人。出生于"婴儿潮"时期的人们一定还记得西尔斯公司的产品目录，那是大多数家庭中常见的最厚也最畅销的书，通常都摆在家里比较重要的位置。

品牌忠诚度让客户不由自主地对西尔斯公司充满期待。但也正是这种忠诚度让西尔斯公司沦为自身传统的人质。它让西尔斯公司看不到原本显而易见的威胁，将其禁锢在过去。

记者杰夫·科尔文（Geoff Colvin）在 2016 年的《财富》杂志上发表过一篇名为"西尔斯公司为何失败"的文章，其中他提到了自己曾在 1991 年写过另一篇文章来讨论沃尔玛赶超西尔斯公司的潜力，西尔斯公司的高层因此怒不可遏，称其言辞不负责任甚至误导读者。[3]

这种否认的态度其实也源于对品牌的忠诚。当一家公司发现其市场发展潜力放缓，就会本能地想要抓住最优质的客户群体。这家公司会尝试各种好公司应该采取的措施：与多数忠诚客户保持更紧密的联系。西尔斯公司就开展了一个名为"购物随你所愿"（Shop Your Way）的会员购物奖励计划。在这个活动中，西尔斯公司的 CEO 埃迪·兰佩特（Eddie Lampert）所说的"会员"能够获得积分，普通客户或消费者却不行。这样做也是为了让西尔斯公司对会员的行为有更深入的了解。

西尔斯公司的一位发言人在 2013 年《广告时代》(*Ad Age*) 杂志的一篇文章中说道："'购物随你所愿'是我们当前一切活动的核心。我们把重点放在最忠诚的客户身上，与他们建立良好的关系，这将帮助公司赢利。"[4]

西尔斯公司的另一位发言人表示："'购物随你所愿'不仅是客户忠诚计划……它将客户交易变成了客户关系，让我们能更好地了解会员并为之提供服务。"[5]

如今，"购物随你所愿"计划占西尔斯公司总销售额的75%。[6]

这听起来很美好，西尔斯公司做的一切似乎都无可挑剔。那为什么近 10 年来会遭遇收入直线下降，同期市值一度从 700 亿美元跌至 10 亿美元？这只是一个发展轨迹，当本书出版的时候很有可能西尔斯公司已经申请破产了。跟许多逐渐走向衰落的大品牌一样，背后的原因很复杂。本书无法针对这个问题给出条分缕析的详细解答。不过就西尔斯公司的例子来看，其最大的问题是无法获取新的市场份额。客户忠诚计划确实很有吸引力，但同时也会妨碍企业抓住新的机会。在业务走下坡路的时候，去迎合现有客户或会员的需求，无异于在"泰坦尼克号"即将沉没时，为乘客提供升舱服务而非救生艇。

西尔斯公司面临的挑战，也是所有大品牌面临的共同挑战，就是要随市场变化而动，而非对过往恋恋不舍。然而，通过客户忠诚计划是无法实现这一目标的，虽然它的确加强了与忠诚度最高的客户群的联系。原因很简单，因为你只是在构建一个证实性偏见（confirmation bias）的回路，即客户行为和现有商业模式相辅相成、相互促进的模式（见图 7.1）。恭喜，你成功地强化了你的品牌在"会员"心中的传统形象，但同时你也在向剩余市场宣布，你彻底止步不前了。

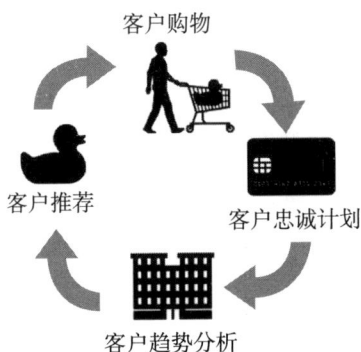

图 7.1　品牌证实性偏见回路

图 7.1 说明：客户忠诚计划可能成为分析客户行为的宝贵资产，但假如客户购买的不是你的商品，这些数据就无法为你提供消费者行为分析。对于仅局限于部分消费者的品牌，最后的结果是，大部分忠诚客户一直以来的品牌体验会进一步提升，而品牌本身会被这种效果蒙蔽，避免接触或选择性无视外部趋势和行为，自绝于外。

从柯达的例子中可以看出，对工业时代的企业而言，在必须采取行动应对这种威胁的初期，由于业务还处于增长阶段，基本都采取了否认的态度。然而那却是转型的最佳时机，利用已有资源向新时代商业模式实行软着陆，吸引忠实客户群以外的客户。因此转型并非不可能，也有许多成功转型的品牌，如星巴克、施乐、IBM、卡特彼勒、惠普、福特和克莱斯勒等都是成功的范例。

其实很难将问题完全归咎于品牌忠诚度，毕竟那是每个品牌的"圣杯"。就目前而言依然如此，建立品牌与客户的关系比以往任何时候都更重要，但品牌忠诚度至多只是成功的一半。另一半自理查德·西尔斯成功打败杂货店的一个世纪以来还没有出现过，即品牌对客户的忠诚，我们称之为"忠诚品牌"。

忠诚品牌将客户置于数字生态圈的中心，这个数字生态圈本身能够不断重组，根据每位客户的行为满足其需求。通过对客户的了解，能够进一步窥探那些隐藏的行为，从而借助数字生态圈推动整个价值链的发展，打造符合每一位客户需求的独特品牌，建立一种基于深刻价值理念的客户关系，让其他品牌无法与之匹敌。

扭转品牌危机

品牌忠诚度就是因熟悉而对品牌产生的信任感和忠诚感。尽管品牌背后的公司可能根本不了解构成其市场的个体，不知道他们的个人偏好和习惯，但诸多品牌还是成功在部分人群中塑造了一种群体意识。例如，百事提出了年青一代的选择，耐克用"想做就做！"（Just Do It！）激励消费者，戴比尔斯则打造了"钻石恒久远，一颗永流传"的浪漫誓言。这些广告标语的目的都是吸引人们去了解这个品牌，并从中找到与个人价值观的契合点，或至少是认知上的共同点。

人们多少都是某些品牌的忠实客户，但那些品牌无法满足每个人的个性化需求。品牌设计的宗旨是尽可能多地吸引客户群体。公司更是大量投资开展团体深度访谈、人口调研、销售分析、市场调研，以及尝试各种衡量标准来获悉尽可能多的消费者的需求，从而了解这些拥有众多消费者的市场。这反映的是"美国主街"价值观，针对的是"美国普通城市"的普通住宅内的普通家庭消费者。

在利用各自的工具洞悉市场行为方面，企业已经竭尽所能。但要了解个体的需求，就像试图从谷歌卫星地图上看出某个人的身高体重一样困难。

简言之，忠诚品牌就是对你的行为和相应情景有充分的了解，能够预测你的偏好并投你所好，打造有意义的个性化体验的品牌。更重要的是，忠诚品牌能够主动出击，在人们表达出新的需求和期待之前就主动予以满足。这远不止承诺产品或服务将满足你的已知期待。例如，上一章提出过预测性销售的概念，亚马逊对此进行了试验，不用客户下单产品就寄到家里来。乍一听这或许让人感到毛骨悚然。

但不妨想一想这到底是怎么回事。我们先假设一个情景，你有一个对你的品味和行为都非常了解、每月固定为你提供服务的私人买手，你打算在深冬时节去一个暖和的地方度假，这个买手会怎么做？他会先在你的服装当中寻找依然合身且适合暖和天气穿的衣服，然后查看度假所在地人们的着装风格，最后自然会为你购买需要的服装。这么说来一点也不可怕对吧？为什么？因为做这件事的是人。但如果这个私人买手要搬到另一个州去，相信你一定会非常难过失去这样一位这么懂你的人。而这正是忠诚品牌的价值：无须客户开口，它会基于对客户的深度了解为其提供价值，这也会鼓励客户透露更多行为信息给这个品牌。

预见尚未提出的需求是每个成功的品牌、公司及个人共同的特点。人们最佩服那些把时间和能力用在超前思维上，不等客户开口就能为之提供产品和服务的公司和个人。毕竟忠诚才是品牌与客户关系的最佳黏合剂。

显然，就目前来看，即便是在消费者数字行为分析方面最具优势，且能根据对行为的了解提供令消费者满意的体验的公司，也尚处于这个领域的起步阶段。然而，有的公司对忠诚品牌的影响力一无所知，而有的公司却对其价值烂熟于心，二者之间的差距正在逐渐拉开。

举一个大家都熟悉的例子。假设一个你已经使用多年的产品出现了问题，现在你想拨打客户服务电话求助。你用手机或者家里的座机拨打电话，这个号码过去 20 年来从未变更。电话那头先是自动应答系统让你输入账号，然后你遵照该公司的互动式语音应答（IVR）系统回答了一堆问题，以判断你的产品出现了什么问题。其实你已经在该公司网站上查询过那些常见问题，并且也与另一位客服交流过，但问题并未得到解决。当你终于被转接至人工客服的时候，他问出的第一个问题居然是："你的账号是多少？"结果真是令人哭笑不得。这个你如此忠诚的公司对你却一点都不了解。

目前，大多数数字化转型都涵盖了各种线上、网络、手机及实体店的互动体验。这些体验能提供大量关于客户行为和偏好的信息，但更重要的是，能推测这些客户未来的行为，或至少在接到来电的时候知道客户是谁。

图 7.2 显示了打造忠诚品牌的四个步骤。识别身份信息是打造忠诚品牌的第一步。知道客户的身份、准确称呼，并对这位长期客户的基本情况有所了解，这些就是桌上的筹码。

我们将打造忠诚品牌的第二步称为情景信息。这个方法既适用线上体验，也适合线下体验。例如，如果你有一辆宝马，当你把车开到经销店接受服务时，遥控车钥匙将成为识别你身份的工具。无论迎接你的是谁，他都能立即掌握你的姓名、车辆历史及当前的养护情况等信息。

打造忠诚品牌的第三步是预见性信息。第一章简单介绍过通用公司的安吉星系统，该系统通过车载传感器，掌握了实时天气、交通状况以及某个地点的历史交通事故等大量信息，从而精确地推测出发生交通事故的概率。这些信息能够提示特别危险的情况，并提醒你或者自动驾驶汽车绕道行驶。

第四步是预测性信息。依然以安吉星系统为例，如果发生了交通事故，安吉星有足够的信息能根据事故的实时数据推测可能的伤亡情况，然后将相应数据传送给急救人员，以便他们在到达现场之前做好实施救援的准备。

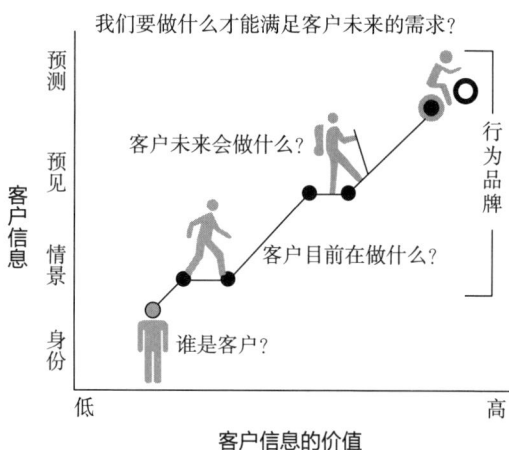

图 7.2　打造忠诚品牌的四个步骤

图 7.2 说明：打造忠诚品牌首先需要获取客户的身份信息，然后分析客户行为情景、预判客户行为，最后提供能满足未来需求的产品和服务。

这些步骤对忠诚品牌建立信任及可靠度的作用是显而易见的。

提示一点，我们探讨的忠诚品牌，并非目前零售商广泛用于创建算法，以预测大众趋势及整体市场行为的大数据分析。例如，塔吉特就是建立个性化客户关系的一个反面典型，查尔斯·都希格（Charles Duhig）曾在《纽约时报》上发表过一篇文章，广为流传。他讨论了塔吉特利用数据分析推测消费者是否怀孕的问题。准妈妈群体能带来利润空间非常大的零售市场，要知道为了宝宝的健康，准妈妈可是非常大方的。如果塔吉特能够尽早获得这部分群体的消费信息，他们就能通过客户忠诚计划，对这部分消费者最可能购买的商品进行促销。这听起来像是一个非常聪明的营销策略，但塔吉特却把营销资料寄给了仍与家人同住的未成年妈妈，这就是大数据应用出错的一个典型例子。正如都希格的文章所述，女孩的父亲"手里攥着寄给女儿的优惠券"（有婴儿车、婴儿服装等产品信息）冲到了当地的塔吉特门店。[7]事实上，他的女儿当时确实怀孕了，但塔吉特的做法没为自己讨到半点甜头。

塔吉特错在它一门心思只关注大数据，却忽略了我们第一章提到的关于每个消费者个体的"小数据"。因此，获取客户身份信息是打造忠诚品牌的第一步。如果没有年龄这样的基本身份信息，就很难体现真正意义上的忠诚。创建忠诚品牌的关键是，对个人价值观表示尊重，并从该个体自身的角度出发为其创造价值。

那么在一个极其复杂的生态圈内，谁将拥有忠诚品牌呢？

最有可能的结果，就是那些能够整合数字生态圈整体资源的人或事物，因为这样就同时具备了三个客户触点，并且对消费者行为有详细的了解。但这也不绝对。我们相信忠诚品牌将属于那些从数字生态圈中创造最多价值的组织。

这又让我们回到了之前关于创造数字生态圈和围墙花园的话题上。苹果公司和亚马逊都在努力打造医疗保健的围墙花园，只是方式不同罢了。苹果公司的策略是，借助苹果手表的传感器，结合对值得注意的情况进行提示的应用程序，监测设备穿戴者的身体状况。就目前而言，主要是在收集你的活动数据——心跳、心率、趋势、异常情况，并通过提示来提醒你采取行动。亚马逊则没有使用穿戴设备传感器，而是借助其智能助手 Alexa、消费者的购物习惯与搜索历史、店内体验等行为进行推断。但二者都在建立不同的数字生态圈来探测你的行为，并且它们和更多类似的公司将会竞相争取尽可能多的渠道来获取你的历史行为数据，即你买了什么、如何使用，以及这些因素随时间的变化。

这里似乎有一个明显的问题："谁将拥有最大的数字生态圈？"围绕可能的对象已经有过大量讨论，现在我们想从另一个角度看待这个问题，即相较于规模和范围，数字生态圈创造的价值更为重要。这么看来竞争格局就发生了巨大的变化。人们预计诸如苹果、亚马逊、谷歌、脸书这样的公司，最有可能成为最大数字生态圈的所有者，目前它们也正为成为令人羡慕的忠诚品牌而竞争，但其实它们最终都将成为忠诚品牌的创建平台。原因有三点。

第一，一个至高无上的忠诚品牌会让你死心塌地关注一家公司，垄断意图太过明显，很快就会遭遇大量反垄断的问题。因此，虽然亚马逊曾依靠兼并实现了增长，并且计划继续这样发展下去，但很快这种方式就会阻碍其增长。它会让客户感到反感，视其为"老大哥"。有人说对垄断的恐惧也是工业时代的产物。Paypal的联合创始人彼得·蒂尔（Peter Thiel）反驳道："创造性的垄断不仅有益于整个社会，还是推动其变得更美好的强劲引擎。"[8] 虽然这里有必要回顾一下反垄断的定义和适用范围，但我们认为这并不会改变一个根本的前提，正如自然生态系统的价值，在于其中生存的动植物在种类和多样性上不断创新，对数字生态圈来说也是如此。

第二，为生态圈创建基础平台的价值，大于在生态圈的基础上建立单个忠诚品牌的价值。对生态圈平台运营商而言，当然很难抗拒把消费者的数字自我转化为收益的诱惑。然而，看看苹果公司创建的现有数字生态圈模式，很显然更大的价值在于把这个数字生态圈成功变为它自己的自由市场。

苹果公司并未投资研发平台上90%的失败应用程序，却从成功的应用程序上获得了约100亿美元的收入。可以预见，在本书出版的时候，苹果公司应用商店内的新应用程序每月的订阅量将超过10万。如果开发一个应用程序的平均成本为

5 000 美元，意味着每年的研发经费为 60 亿美元，那将极大影响苹果公司从成功应用程序中获取的收益。当然，现实中并未发生那样的情况，因为苹果公司并未向第三方投入研发经费。

第三，要实现创建忠诚品牌所需的细致程度（回忆一下私人买手的比喻），对大品牌而言这点更难，因为它面对的是种类繁杂的产品和更多样化的客户群体。虽然对个人行为的了解为其提供了创造价值的机会，但这并不保证一定能创造价值。

不过好在这些平台将在人们意料之外的领域，为忠诚品牌的创建提供机遇。要一一列举这些领域不仅乏味且没有多高的可信度。我们虽然不能预测每一个领域，但有一个领域很可能被忽略了，尽管它很少被看作忠诚品牌，但它在塑造人们对忠诚品牌价值的认识方面影响最大。

根据前面的内容，你应该能够猜到我们将要讨论的，很可能是捕捉了大量行为信息的产品——自动驾驶汽车。

驾驶行为

美国人平均每年的驾驶时长为 17 600 分钟。[9] 按照每周 40 小时的全职工作折算，相当于 7 周。86% 的家庭至少拥有一辆汽车，可以说驾驶是人们最普遍，也是最持久的与设备有关的活动。但是，手机和电脑不是最常使用的数字设备吗？毫无疑问，许多线上活动都是窥探人们行为的重要窗口，但它们与驾驶体验有一个关键的区别。

对于支持人们进行线上工作的设备，在数字世界和实体世界之间依然有明显的界限。虽然通过增强现实技术已经有了诸多提升，已经能够用手机覆盖现实图像，但那仍然是通过数字界面提供的线上体验。

我（托马斯）常提起 2011 年参加一艘航天飞机发射仪式的经历。那是我首次亲眼看到火箭发射，也是那艘航天飞机的最后一次升空。我很幸运能凭借媒体通行证，站上距离户外倒计时钟表附近最近的观看台。在发射期间我用 iPhone 手机记录下了航天飞机在烟雾和火花中腾飞的情景，伴随着噼噼啪啪的爆裂声，最终冲入云霄。直到航天飞机消失在我们的视野中，我环顾四周，这才意识到，数百个人都在观看这一激动人心的历史性时刻，一辈子只有一次这样的机会，是独一无二的大事件……但大家都是通过一个三英寸的屏幕在观看，它将人们与真实世界隔离开来。

智能手机必将在捕捉行为数据方面起到重要作用，但它们只是连接数字世界而非实体世界的接口。相比之下，汽车是结合了实体和数字的体验。SkyMind 是一家人工智能公司，专为自动驾驶汽车开发软件，其 CEO 克里斯·尼克森（Chris Nicholson）这样描述道：

很多人都没有意识到，自动驾驶汽车最后会变成一部智能手机，而人们每天将在其中生活几个小时。我们是真的待在汽车里面，这是我们无法逃离的应用程序。

人们把自己的生命托付给它。

当进入这部"智能手机"并开始操作它时，人们会发出人类最高、最强的意图信号。这比浏览网页的信号要强得多。那正是创造推荐系统的人所想要的。他们想要意图信号。当你说，"我现在上车，准备在这个时间去往这个方向"，那就是一个很强的意图信号。

人们在生活中可能会遇到其他更好的推荐和选择。同时，由于那是人们生活离不开的那部"智能手机"，传感器将能收集更多关于我们的数据。可能会有网络摄像头对准人们的面部，还会有扩音器来捕捉人们的声音。我们没有在网页上点击，而是给出了去向的意图信号，并展示了全部的模拟表达方式："你的表情是生气还是高兴？你的语音表达了什么意思？车里还有什么人？"实际上这是在把尽可能多的现实数字化，这样我们就能读取更多微妙的信号，从而收集行为数据。由此可见，汽车将成为最优秀的信息收集机制。

我们很喜欢克里斯将自动驾驶汽车比作人们日常生活中的"智能手机"这个比喻。从"实体—数字"（实体行为和数字行为的结合）的角度洞悉人们的行为，自动驾驶汽车具备特殊的优势，能够利用数字生态圈的海量信息成为忠诚品牌。但除此之外，自动驾驶汽车的另一个特点在数字世界转型过程中一直备受争议。在电影《机器人总动员》（*Wall-e*）这样的科幻社会中，机器人会取代人们的移动需要，满足人们所有的需求，人们将退化到坐在椅子上生活，而自动驾驶汽车将逆转这种愈演愈烈的趋势。你确实可以一直坐在车上，就像坐在客厅的功能沙发上一样，但功能沙发不能带你去任何地方。

有个性的汽车

人们习惯认为，汽车体现了车主的个性。对驾驶操控欲强的人通常会选择宝马；奔驰的车主则比较温和，相较于动力更看重驾驶的舒适感；沃尔沃是注重安全性的车主的首选；斯巴鲁偏实用主义和保守主义。汽车制造商会从两个方面着手，首先让车本身能彰显这些个性，随后在推向市场时进一步强化这种形象。有些汽车能够适应车主的一些普遍行为。例如，许多高端汽车都有"运动"模式，通过降低油耗效率来提升动力和反应能力。但汽车的行为均在受严格控制的选择范围内。

但自动驾驶汽车就不受类似的限制。自动驾驶汽车能够适应驾驶员（或乘客）更深层次的行为、意图和情绪。迈克尔·弗莱明是自动驾驶汽车研发公司 Torc Robotics 的 CEO，他分享了目前在自动驾驶汽车原型中这种行为的表现情况。

几个星期之前，我参与了一次演示乘车体验，当时我们在测试自动驾驶——停车标识、交通信号灯等。当车辆自动行驶进匝道，准备并入州际公路时，留给我们的并道距离很短，因为我们准备赶超的那辆车后面跟着好几辆车，而且其中一辆是警车。在那样的情况下，我们加速并入了公路，开到警车前面。我还记得一位工程师当时说过的话。他说："迈克尔，刚才是不是太惊险了？"我说："当然不会，因为换作我也会那么做。如果我们减速，与州际公路上的车辆间距太小，就没办法完成并道了，这样我们就可能有危险。

当发生这种行为时，你会感到惊愕……但事后回想起来你又会觉得："没有理由不这么做啊。"

迈克尔的经历只说明了自动驾驶汽车体验的一个侧面，但这确实引发了更为深刻的话题，即在创造体现品牌对客户忠诚度的自动驾驶汽车方面，行为能起到什么作用？讨论这个问题，我们首先要回到本书开篇讨论过的数字自我。如果你还记得，我们说过设备也会有数字自我，并且会随着时间的推移捕捉设备的体验和行为数据。之前这听起来或许很诡异，但现在你应该更能理解为什么会出现这样的情况了。

自动驾驶汽车能够学习，因此能够适应一系列不断变化的情景变量。在俄亥俄州哥伦布市与在希腊雅典的自动驾驶方式肯定不会相同，因为自动驾驶汽车会根据周边环境的细微差别做出改变。同样的原则几乎适用于所有的行为。你与孩子说话的方式肯定有别于与家长或同事说话的方式。所有这些千差万别的行为的总和构成了你。学习的过程让我们有了适应能力，但这个对人类交流至关重要的学习过程，还另有他用。你容易被与你具有相似行为特点的人吸引，在个人生活中，你会选择与那些跟自己行为举止相似的人交往。我们可以把这种观点应用于与自动驾驶汽车的关系上。

自动驾驶汽车完全能够通过你的驾驶状态感应你的行为并做出反应。例如，如果自动驾驶汽车感应到你因为开会要迟到，加上昨晚没有睡好，现在十分焦虑，它可能会对车内的灯光、娱乐系统、车速、行进及驾驶状态进行设置，来营造出最能让你冷静的氛围。如果它连接着你的可穿戴健康设备，还能直接根据你的生理和心理状态，调整自动驾驶汽车的参数。

在这里我们想提出两个观点。第一点，或许对你的个性而言，上述车内设置毫无意义。在你感到焦虑的时候，昏暗的光线和莫扎特的音乐可能是你最不想要的。因此，自动驾驶汽车将根据你的行为、习惯和刺激因素表现出略有不同的行为，而不是为所有"焦虑的"驾驶员量化定制的通用设置。第二点，就现阶段而言，要按照《西部世界》（*Westworld*）中类似的剧情发展——"杀手"汽车把乘客的压力和沮丧行为变成路怒，那未免也太简单了。

自动驾驶汽车更大的危险，不在于它视人类为摩擦力，必须除之而后快，而是因犯下小错误而导致严重后果。

随着人们开始密切关注人工智能的发展潜力，我们看到与自动驾驶汽车有关的损害、伤害和死亡事件会引发公众的强烈反响。虽然我们能通过数学证明，自动驾驶汽车的安全系数是人类驾驶的100倍甚至是1 000倍，但那就像以飞机比汽车安全100倍为理由，劝说恐飞症患者选乘跨大西洋的航班一样，毫无说服力。[10]

在接下来5～10年，人们很可能会看到全自动驾驶历经高度分离化。要在这条路上一直走下去，最简单的方式包括接受汽车根据驾驶员做出的变化，建立人们对自动驾驶汽车的信任，提升其行为的可预测性。例如，回忆一下在本书前面的章节，迈克尔·纳尔逊（第四章提到的那位从美国西岸开车到东岸的律师）对特斯拉变道行为的描述。对迈克尔而言，坦然接受这项技术的很大一部分原因是他习惯了特斯拉的变道方式。[11]

只要想想，这些略有不同的行为会如何匹配适应驾驶员本人的偏好，就不难预料未来终有一天，消费者的购买决定将在很大程度上基于自动驾驶汽车的实际行为。正如你今天购买宝马汽车，是看重其操控和响应性能一样，你也会为了自动驾驶汽车呈现的行为而购买它。但为何要止步于此呢？

如果数字自我还能整合自动驾驶汽车的行为，那么未来当你坐上自动驾驶汽车的时候，它将很有可能基于你的兴趣，根据你对它的操控性能、车内环境、提醒与管理以及所选路线的偏好，来重新调整自我配置。可以想见，未来自动驾驶汽车对我说，"托马斯，我们会途经0.05英里外的素食市场，明天是你女儿的生日，你要不要在中途停车买一个素食巧克力蛋糕？目前店里还有三个在待售中，这将增加17分钟的车程"。

记住，这一切都将发生在汽车的座舱而非驾驶舱内。马特·本森（Matt Benson）是自动驾驶汽车体验的主要开发者，他关注的是未来这样的座舱会是什么样子。佛吉亚风险投资公司是佛吉亚旗下的投资与创新公司，是全球最大的汽车设备供应商之一，全球销售额为230亿美元，该公司与马特一起为驾驶行业初创公司提供指导意见。

马特表示：

我们思考的问题是，自动驾驶汽车如何从实体和数字层面预测个体的状态并做出调整，然后根据他们可能的需求提供服务。

我认为有三种重要的个性化途径。

第一，为驾驶员或乘客提供基于其个性化偏好的选择。第二，根据这些偏好对那些选择进行优化。第三，满足乘客尚未提出的偏好。

实体空间或许需要跟着改变。可能是新的座椅，能让人更加放松。例如，有的人会有健身的需求，当然那可能不是超强度的健身，而是给自己更多的灵活空间，做一些类似普拉提和瑜伽之类的拉伸练习。

Active Wellness（智能健康座椅）是我们用于调整座椅的系统，它能感应座椅周围及车内其他区域的环境，并根据人类个体的状态，比如其生理数据、生命体征及其正在观察的事物和正在做的事情来做出调整。他们感到焦虑？疲惫？注意力不集中？不舒服？他们在上车之前做了什么？打算去什么地方？所有这些情况会帮助我们采取相应措施或对策应对当下的情况，甚至根据当时获得的信息及情况的发展进行预判。

马特关注的体验是尊重驾驶员和乘客习惯，了解其需求和行为情景，并能在其开口之前为其创造价值，这是忠诚品牌的最终目标。忠诚暗含了信任根基。正如我希望自己的财务顾问对我的财务状况有清晰的认识，尽职尽责地为我管理资产组合并实现收益目标一样，忠诚品牌不仅是一种普通客户关系，它的基础是品牌心系客户最大利益这样一种期待。

这不再是我们惯常看待产品体验的方式。因为人们已经欣然接受自己就是匿名的消费者，几乎没有能力要求制造商意识到自己的个人需求。当然有人愿意花钱请裁缝为自己量体裁衣，请私厨为自己烹饪美食，请上门医生照料自己的健康，请专车司机接送自己、孩子及老人，甚至聘请一个随时待命的管家，但除此之外，人们已经接受了世界并不围着自己运转这个事实，那也不可能。不过万一有可能呢？

忠诚品牌的与众不同之处在于它能够预见你的需求，因此在其他品牌几乎连明确提出的需求都无法满足时，它却能够提供更多。

其中依然存在一个里程碑式的挑战。人们的数字自我，即从生理、情绪、财务、行为等各方面定义你的数据的总和，不仅对你个人有价值，而且对任何想要从中获益的人同样有价值。

还有一个尚待解决的问题，即你要如何保护这样一个在你生命中最有价值的资产？

第八章

数字窘境：保卫未来

"'不可能'是那些留恋眼前的舒适，不肯去探索内在力量以寻求改变的胆小鬼才会鼓吹的词汇，它绝非事实，只代表一种观点。不可能只是潜在的、暂时的，没有什么是不可能的。"

——穆罕默德·阿里（Muhammad Ali）

到目前为止，我们已经讨论了不止一种数字自我及设备行为构成新型行为学资本的方式，探讨了这些资本会如何带来全新的机遇，并打破众多人们习以为常的世界运行标准框架。但我们尚未提及在保护和捍卫这些资本的过程中，人们将要面临的一系列全新的挑战，这正是本书最后一章的主题。

不过，我们不仅要探讨如何更好地捍卫数字自我，更要进一步探索之前讨论过的创新、数字自我、超个性化、数字生态圈及忠诚品牌等将如何演变为需要保护的新实体。

这些挑战对颠覆性创新来说在所难免：它不仅改变了原有的做事方式，而且引入了全新的体验世界的方式，其背后的驱动力不仅是全新的技术，更是全新的行为。

试图描述未来的蓝图常常犹如一场冒险，人们的调色盘中只有自己已知的颜色，所以在描述未来时最终用的还是以前的词汇。回到我们在本书前半部分讨论过的 AT&T 的商业广告，在其中一个广告中，一个人坐在海边用着平板电脑，画外音是"从海边发传真……"人们也会在类似情景中使用平板电脑和移动设备，但使用范围远远超出了发传真这一极其有限的概念。

然而，我们知道数字自我在某些领域有巨大的潜力，可以解决很多在不远的将来可以预见的问题，而在看不见的地方上演的则是一场公平的游戏，人人都可以参与竞猜。这也是在预测遥远的未来的过程中很有意思的一部分，前提是我们愿意这么看。但无论我们认为自己的思维多么开阔，历史总会完美地记录下我们曾经错得多么离谱。

不过，未来的预兆在我们回头看时似乎又总是显而易见的。

20 年前，我们中有一人恰巧赞助了圣地亚哥一场有关预测未来技术的大型活动，发言人包括已故的彼得·德鲁克，经济学家保罗·罗默（Paul Romer），以及管理大师汤姆·彼得斯（Tom Peters），大家都在探讨组织的未来。

在这些讨论中，有一个环节特别突出，来自斯坦福研究院（Stanford Research Institute，简称 SRI）的两位技术专家描述了他们对互联网未来的看法，在当时，很多人都不清楚互联网到底是一时的风尚，还是部分人所谓的革命——实际上大多数人支持前一种论调。

在两位技术专家的描绘中，未来的互联网将是庞大的云系统。他们声称，在这个云系统中可能存在无数的关联、资源、潜能、技能及想法。依照他们的描述，它是终极的自由市场，人们可以立即获取、购买，并利用全球的资源解决任何难题。他们让观众将之想象为一台可以无限扩容的电脑，没有集中的控制、权限或所有权。

他们描述了这样一种情景，代表数字资本或实体资本的物体，以及资源在这个云系统中到处流动，任何有需要的人均可获取。很多物体将没有具体的主人，而是属于大家，供人们免费取用；还有一些复杂的物体，需要在单独使用时采购或租赁。但在他们的愿景中，最奇特的地方在于，这个云系统没有任何的地理中心，它既不存在于任何设备、服务器或笔记本上，也不是任何一家公司、联盟或联合企业的财产，它是大家的云系统，不属于任何人。

在 1999 年把这称为"胡扯"已经是非常含蓄的表达了，这无异于科幻小说，用"精神病人"这个词来形容这两位发言人比"空想家"更合适。但这一环节吸引了大量蜂拥而至的观众。

由于某种原因，这种乌托邦式的未来一直在我脑中挥之不去，我尝试把它应用于互联网的发展，同时一直在想方设法用它来描述技术和行为的变化。但这种匹配往往显得生拉硬扯、矫揉造作，超出了大众信任的界限——至少是持续到我们开始研究本书时的观点和概念。

我们即将进入"令人大开眼界的未来"，其演变速度之快远超人们的意料，让你总也来不及做好准备。到目前为止，本书已为理解这种变化的程度及其将如何带来新机遇、行为和价值做了一定铺垫。构建一个能继续保护隐私、自主以及自由（自由社会之基石，人人珍之重之）的未来，面临巨大的挑战，我们也已在书中将这些挑战毫不避讳地一一列出。

在本章中，我们将进一步探索，介绍在我们看来，人类不得不重新思考的某些最基本的计算原则，以及人类如何运用行为的力量来保卫这样的未来。

我们首先要钻研区块链和虚拟货币对构建未来新型商业、经济、社会范式的重大影响。

虚拟货币关联

在第四章中，我们引入了"区块链"和"虚拟货币"的概念。本章我们将详细介绍如何创造一个比现有的模式更安全，规模也更大的新型计算平台。我们首先从虚拟货币的工作原理开始说起。

虚拟货币是一种可用于在线交易的价值单位，目前流通的虚拟货币有 100 多种，其中比较流行的有比特币、以太币以及莱特币，截止到本书最终定稿之时，流通的虚拟币总价值大约为 750 亿美元。相较于预计流通的 1.5 万亿美元，可能只算得上一个化整误差，不过这也绝不是一笔小数目。[1]

之所以称其为"虚拟"货币，是因为会用到区块链加密技术来保证其有效性、所有权及价值。价值实际上取决于需求及计算，两者共同决定了可以发行的单位数量，就比特币来说，其数量是 2 100 万。

随着单位数目趋近最大可发行数量，计算也变得越发复杂，需要借助"挖矿者"电脑将所需的超级计算能力用于挖矿或记录新的比特币交易。大致说来，即使是最高配置的带显卡电脑，挖一个比特币，也需要500多年。另外，说到比特币时，我用了"挖矿"这个词，但实际上，比特币只是对在区块链中创造一个区块所给予的奖励罢了。

区块链真正有意思的地方不是数学，而是虚拟货币会对金钱的使用、管理等诸多方面产生的影响。

比如几年前，我们中有一人应邀在芝加哥的美联储会议上发言，当时比特币和其他虚拟货币的一小部分骨干已经引起了金融行业的广泛注意，但是美联储对货币即将进入网络领域有一定的担忧，这也正是目前面临的问题：无法使用货币政策管理虚拟货币。

如果比特币的价值只取决于那些买卖他们的人给出的定价，那么它们到底值不值钱？毕竟，尽管美元已经是法定货币，但美国政府依然在鼎力支持它。[2] 如果一种虚拟货币有足够多的人使用，难道它不应凭借那些支持而获得价值吗？必须要大家一致认可它有价值才行。不过你可以这样辩解：因为它稀有、可转移的特点，需要区块链全球网络节点的支持和保护，所以它本身具有一定的价值。但货币的价值最终还是取决于其使用的广泛程度及人们的接受程度，而且价值似乎只会越来越高。比如，如果你有支持虚拟货币的VISA（维萨）卡，你就可以用它来购买任何可以用传统货币购买的东西。[3]

截至目前，只有政府能够发行货币，尽管你可以以数字形式储值，甚至是将之变成金块存入保险柜中，但最终还是要通过监管银行把这种价值转变为货币才能进行交易。这意味着你还是要接受银行的处理、费用及途径等固有的摩擦力。原因就在于，既然你的钱是以数字形式记录的，就必须要由有公信度的人或物记录哪些是你的。

依照我们的描述，到目前为止，区块链和虚拟货币似乎主要是用于规避传统银行业、商业和经济模式的一种新方法，但关于区块链还有另一面我们尚未探讨，这部分讨论将不再围绕"新方法"这一定位，而是直面来自几乎所有主要市场先入者的批评，这些先入者现在正忙着争夺计算生态系统的所有权，以控制人们的各种设备和数字自我；区块链则能够作为分布式平台，服务于存在中间人摩擦力的各行各业。

这正是很多新公司正在利用区块链所做的事情，开发规避现有工业时代经济构架和商业模式的方法。这里的前提很简单，却颇具革命性：工业时代的计算和金融交易模式（购买、销售、资金转移）需要集中管理。依赖这样一种严格监管控制的等级模式，非常适合线性的、点对点沟通的时代。

在20世纪时，孩子十分喜爱的电话游戏就完美地诠释了人们对这种模式的习以为常。在这个游戏中，当人们通过电话将信息传递给他人时，最终收到的信息与一开始发出的信息相去甚远。点对点的沟通所面临的挑战是无法保证完整性，无论是所有权、一个想法、一个请求或一次交易。因为它的传递路径是线性网络，没有揭示来龙去脉的系列文件。

然而，如果你跟今天的孩子玩同样的游戏，他们一定会通过给彼此发邮件的方式来传递信息，因此确保了信息完整如初，没有任何篡改。当邮件发给这一链条中各相关人员后，他们还可以查阅彼此的邮件，看是否有所改变。这样，任何一个点都不会出问题。当然，我们都知道邮件的工作原理并非如此，多数随时变化的交流和交易也是一样，无论变化是有意还是无意。所以，为确保数据的完整性，人们安排了中间人，负责确保数据的完整性和可靠性。

一家名叫 Golem（魔像）的公司就是这样的中间人，这家公司试图利用闲置的电脑资源创造一台全球超级电脑。[4] 他们把自己称为计算界的爱彼迎，人们可以在 Golem 的点对点网络上向任何人买卖闲置的电脑资源。

其实，这种汇总整个网络电脑资源的想法和尝试并不新颖，从 20 世纪 90 年代起就出现了各种各样的分布式计算项目。其中有一些被称为"志愿者"计算，任何人都可以在自己的个人电脑上下载一个小程序，并在电脑闲置时自愿提供部分电脑使用的集中授权。其中比较知名的有 seti@home 计划和 folding@home 计划。第一个是伯克利大学赞助的项目，在宇宙间嘈杂的背景音中搜寻信号，以发现智能生命；第二个是斯坦福大学赞助的项目，目的是用于疾病研究。

不过，目前计算机网络依然由集中服务器控制，可以将之比作银行。我们所有人都可以兑换货币进行付款、购买产品和获取服务，以及从自动取款机取钱，或进行其他交易，但钱最终还是要从一家银行流入流出。除非你的老板是用金条给你发工资，又或者你经营的是一辆只接受现金的餐车；否则，在日常交易中，你不可能随身携带大量现金。原因就在于，你相信把钱放在银行比留在身边更安全。

但倘若有一张借记卡，能从其他人、组织或设备的价值网络中取钱，算作对你所提供的服务的酬劳，那又会是什么样的情况呢？你的"余额"将不再存在于这个网络的某一个节点，而是存在于所有的节点。要搞清楚这个问题并不容易，但这是我们所有人在另一种背景下经常都会做的事。

当你请某个朋友帮忙，比如，完成一项任务，把你引荐给他们认识的人，帮助你解决一个难题，这种关系资本存在于哪里呢？只存在于你们俩之间罢了。但现在我们把这个情景的范围扩大，假设你需要召集200个人来帮助你做一件大事，如社区集体努力建一个新操场。每个人都需要在各自的建筑领域做到基本合格，从抡锤到挖洞。你不了解这200个人到底能否做到，但很可能你有朋友、朋友的朋友，同样他们自己也有朋友，最终无论如何，你还是能够召集足够合格的人。虽然在这个过程中你用到了很多关系资本，但也创造了很多关系资本，因为无论任何时候，当其中有一个人需要帮忙时，你确信他们一定会找这同一个群体中的其他人帮忙。那么问题是，所有这些关系资本存在于哪里？它无处不在，而又无处可寻。

现在，如果你是个急脾气，会直接跳到下一个问题："这种关系资本难道不是只取决于其背后的人本身是否正直可靠吗？"

在 P2P 这种由区块链造就的网络中，同样的事情也正在上演，只不过其规模大至成千上万，甚至是千百万人，但能够做到资本百分之百分配正确。

这正是 Golem 公司所做的，Golem 网络是非集中的计算能力分享经济，任何人都可以通过"出租"其计算能力，或开发及售卖软件来赚钱。[5]

但在这种情况下，难道 Golem 不是集中管理者吗？其实还真不是，他们所扮演的角色及其产生的方式同他们提供的服务一样精彩。Golem 在融资过程中募集了 860 万美元，但这并非源自天使投资或风投，抑或是其他传统的资金募集方式，而是通过 ICO（Initial Coin Offering，首次公开募币）进行融资。

ICO 很像 IPO（首次公开募股），只不过它不受任何政府监管机构［如 SEC（证券交易委员会）］的监管，同时面向任何想要参与募币的人。但 ICO 不仅仅是募集资本，整个 Golem 网络都将使用它自己的货币，称为 GTN（电子货币），现在一个 GTN 的价值为 42 美分。但所有虚拟货币的发行总数都是有上限的，就比特币而言，其数量是 2 100 万，GTN 的总数是 10 亿代币，也就意味着随着时间的推移，每一代币的价值都会增加。当然，这也不是绝对的。ICO 带来了一派欣欣向荣、商机无限的局面，但毫无疑问，随之而来的肯定会有疯狂的投机行为。

比如，在本书出版之际，大约 200 次 ICO 能募集的总资金已经超过 20 亿美元，15 分钟内单次 ICO 可募集将近 3 亿美元。

无论 ICO 将如何颠覆资本募集的方式，未来更大的前景在于其背后的区块链技术，它能创造出几乎无摩擦力——取缔了交易中间人——的数字生态圈。其现实意义是什么呢？依照以太坊创始人维塔利克·布特林（Vitalik Buterin）所言，"现在卖套房子需要好几周的时间，但其实可以只用 3 分钟"。[6]（回想一下我们在第五章中谈到的，实际工作时间和处理时间之间的差距。）通过自然变化和渐进式创新永远也无法取得这样的提升。

如果我们有计划地提升效率，准确无误地记录、分析交易的每一步，然后结合数字自我的资源，可以想见，它将会是一个整体摩擦力近乎为零的模式。倘若你觉得这似乎有些夸张，不妨想想有很多管理过程，其实际处理时间占据整个交易时间的 1%~5% 不等。我们的经济、政府，以及医疗、保险、金融、供应链等行业，都只发挥了其 5% 的潜力；或者，换一种更令人吃惊的表达方式，在经营很多行业的过程中，人们浪费了 95% 的努力。如果确有一股隐藏的力量，它压制了创新，拖拽了社会前行的脚步，削弱了人们处理生产效率问题的能力，那必是摩擦力无疑。

所以不妨想一想，如果我们能赢回当前流程中或交易上哪怕5%的时间，这对你个人、企业及社会机构分别意味着什么？人们处理相应流程的能力将有效翻倍。那么，我们来做个计算，假设实际工作的时间只占整个流程时间的5%，如果没有摩擦力我们的能力将能提高多少倍？很简单，提高20倍。但由于实际限制或缺少市场需求，这一计算并不适用于所有领域，而关键在于人们的能力的确存在非常大的提升空间。

坦白说，虚拟货币并不是毫无风险的，在写这本书时，中国政府已经关闭了中国大陆境内所有的虚拟货币交易所，并进一步规定交易所中所有参与者必须实名制。比特币有一个隐晦但意蕴丰富的讽刺之处，这也是几乎当前虚拟货币都存在的问题。虽然交易是匿名进行的，但所有的交易都存储在区块链中，有确凿的稽核记录，能够追溯每一笔交易的买卖双方。正因为此，31岁的罗斯·乌布利希（Ross Ulbricht）——现已臭名昭著的非法比特币市场"丝绸之路"（Silk Road）的创始人，因该市场被举报造成了超过10亿美元的非法药品走私而落网，并被判处终身监禁。很有意思的是，美国政府虽然没有虚拟货币，却在2014年拍卖了从"丝绸之路"上查封的价值约200亿美元的比特币。

虚拟货币的未来很可能是下面某种情形：

- 它可能会因为投机和非理性繁荣而垮掉，10 年之后又会卷土重来，前景更为光明，可能是比特币、其他现有的或尚未诞生的虚拟货币。
- 监管机构介入，开始或至少尝试限制虚拟货币及其使用。中国现在已经禁止虚拟货币 ICO，并称之为一种极具破坏性、不稳定的技术。
- 出现争端（由国家政府引发或由罪恶的非法利益导致），瓦解虚拟货币中的信任。导致一个或数个，甚至是所有当前运营商的垮台，然后重新诞生一种更值得信任的选择。
- 美国政府和其他政府开始发行虚拟货币。

不过要注意，在以上情形，而且很可能是我们能提出的所有情形中，虚拟货币都不会消失。这并不是说比特币或以太坊，或现有的 198 种虚拟货币中其他任何一种，在未来 5 ~10 年会一直存在。但很显然，未来会出现一种新型货币，重新定义货币价值理念的想法将会保留下来。

但能否使用区块链来保护我们的数字自我呢？

你是否知道自己是谁

有一个国家，公民的身份永远不可改变，同时那也是每个公民与生俱来的权利。我们先不说这个国家在哪里，先介绍一下他们是怎么做的。

这个国家利用区块链，发展了一套安全的公民身份识别系统，婴儿一出生就会获得一个独一无二的身份。这个身份不同于社会安全号码，它存储在区块链中，无法消除也无法变更。这一安全的身份会把一个新生儿加入医疗系统中，用于识别、存储所有的医疗、学校等相关的合法记录。当孩子长到 15 岁时，他们会获得一个身份证，用于获取所有需要身份证明的虚拟服务——从去银行和使用自动取款机，到去医院看病，签署法定协议，以及购买火车票等。这一身份认证系统十分有效，法律规定就连政府也只能要求提供一次具体的个人可识别信息。一个人的纳税、选举、工作以及婚姻记录都存储在这个区块链中，关于定义此人以及构成其法律意义上人的所有信息都会逐渐累积，并附着于一套永久的区块链交易数据中。

这并不是幻想未来时才有的场景，我们所指的这套系统已经用了将近 10 年，在这期间从来没有出现过一次差错，不曾危及任何一个身份。如果身份证丢了，马上就能重获一个新的，但只有这个证还不足以证明身份、授权交易、签署具有法定约束力的合同。还需要用到两个特殊密码，其中一个用于证实持证人的身份，另一个则用于签署合同。因为数据都存储在区块链中，所以从来不会有变更或身份失窃的可能。

因为每一个政府部门的流程都是数字化的，借助这种数字自我，从诉讼到报税等事务所需时间可缩短至一天，而非一周或一个月，这种颠覆简直是空前的。

但这些都只是冰山一角，这个国家是第一个提供"线上居留项目"的国家，世界上所有人都可以通过此项目建立身份，让他们能够创业，在全球开展金融业务，获得成千上万的商业和个人服务。

这个国家并非某个超级大国，实际上它是一个鲜为人知的波罗的海国家——爱沙尼亚。该国曾建立了堪称全球最复杂的政府数字生态系统。

很讽刺的是，爱沙尼亚的数字化转型源于一次据称是史上最严重的网络袭击。2007 年 4 月底到 5 月初，爱沙尼亚遭受了一次网络袭击，其国防部发言人认为那次袭击的严重性堪比美国的"9·11"事件。爱沙尼亚要把苏联时代的一个战争纪念碑从首都塔林迁走，这一决定引发了黑客袭击。袭击者利用分布式拒绝服务（DDoS）让该国的网站、银行、报纸及互联网全面瘫痪，那看似来自俄罗斯政府的服务器以及全球 100 多万的公共 IP（网络协议）地址，多数都是被黑客操纵的"僵尸"电脑。

那时，爱沙尼亚对"欧洲最奇怪的国家之一"这个封号很是自豪。但无论是出于什么目的或意图，这次袭击让爱沙尼亚彻底断网，一下子回到了 20 年前。该国 98% 的银行交易都在线上进行，无法上网导致整个国家近乎崩溃，这就是后来被称为第一次网络大战（Web War I）的序幕，这也是第一次因网络袭击置一整个国家于瘫痪的境地 [7]。

在那次网络大战中，爱沙尼亚输得一败涂地。爱沙尼亚和北大西洋公约组织这才意识到，面对资金充裕、政府授权，或由成千上万带着复仇目的的个人协调组织的大规模全球袭击，单个国家是多么不堪一击。国家需要加强自身的防卫，同时找到方法为关键应用和交易提供更强大的安全保障。

而事实是，我们才刚刚开始体验到潜在的网络风险。我们预计，如果人类还停留在当前的轨迹上，在不到 5 年的时间内就会遭遇毁灭性的全球网络事故，犹如当头一棒，向大多数公司及所有人发出最后的预警——一次会给全球经济带来重创的"9·11"事件式的网络安全袭击，会让爱沙尼亚的遭遇都显得微不足道。

这种脆弱性的根源在于，大多数个人、组织以及国家政府，都还在固守已经过时的思维模式，把"防线"防守作为保卫组织的唯一手段。利用防线防守，绕着需要保护的资产划一道防线，这是曾经的战斗方式，为了保卫我们的皇冠宝石跟敌人抗争。这正是爱沙尼亚一开始无法控制分布式拒绝服务袭击时采取的办法，他们切断了爱沙尼亚与所有国外电脑的关联，但任何一套基于电脑的系统和任何一个国家均无法长期与世界隔绝。

这是标准的军事反应，从英国温莎城堡到北美空防司令部（NORAD）的夏延山脉，再到诺克斯堡，外界均是这样回应，无论要保护的区域多大，到底还是由一道围墙和防卫形成一道防线；无论是边界、堡垒还是护城河，只要你沿防线布置护卫者，你就是安全的。

但在当今世界，采用这种方式只有一个问题，即没有防线。

尝试定义一道网络防线，就如同跟恐怖分子作战，无论是围绕硬件的实际防线，还是围绕软件和数字的数字化防线，我们都可以封锁自己的边界，用分析工具来查出破坏分子，然后把他们遣送回家，但最终这只能阻止一小部分威胁。

杀毒软件、防火墙、密码，所有几乎我们能想到的对抗网络威胁的最后一道防线，都只能抵御以前的敌人。今天的敌人利用的是社会工程、人类的弱点、国家级玩家的资源，以及延展性极强的数字生态圈来轻松进入你的防线。

例如，臭名远扬的大盒子零售商塔吉特，据粗略估计，其数据泄露事件让该公司损失了将近 5 亿美元，原因竟在于其 HVAC（供热通风与空调）供应商存在缺陷。这是生态圈的危险之处，它所造成的脆弱性是你在自我防御过程中永远也想不到的。

所以，出路何在？在于看待生态圈时剔除防线、去除集中化管理的理念。

生态圈本质上就是一个不断进化的复杂网络，组成生态圈的合伙人、过程以及个人往往处于不断的变化中，无法形成界限清晰的防线。这种情况固有的好处我们在第五章已经说过了，那就是整个生态圈清晰可见，但这也意味着它依赖的数据不是集中式的，而是存在于所有生态圈中。此外，很多集中系统的复杂性及规模使其极难承受人类的错误。

比如，2017 年，信用报告机构 Equifax（艾贵发）违约，造成 1.43 亿美国人的信息泄露，网络窃贼获取了用户的信用历史和个人身份识别核心信息，即 9 位数的社会安全号码。这样一种大规模的盗窃是怎么发生的？很简单，Equifax 一个已知的漏洞安装补丁过期了两个月。

同时，人们都同意相关企业的服务条款，并在此前提下让其获取我们的数字自我信息。当你在脸书上发信息时，你已经同意了其将近 6 000 字的服务条款，包括但不限于以下条款：

> 对于知识产权所涵盖的内容，如照片和视频（IP 内容），根据您的隐私和应用程序设置，明确授予我们以下权限：您授予我们非独家、可转让、可再转让、免版税、全球许可的权利，以使用您在脸书或与脸书相关的媒介上发布的任何内容（IP 许可），当您删除 IP 内容或账户时，此 IP 许可将终止，除非您的内容已与他人共享，并且他们尚未将其删除。[8]

我们在第三章中曾经指出，尝试读完每一个你使用的应用所附带的服务条款简直不切实际，但我们根本没有理解这种挑战的难度。随着联网的传感器在我们的家中、车辆、穿戴设备以及工作场所［经常被称为物联网（Internet of Things）或 IoT］中越来越流行，我们会看到所有这些应用的服务条款中强制性条款的数量大幅增加，而且会愈演愈烈。但即便如此，相较于我们很快要通过服务分享的东西，这还算以小见大，这些服务获取了我们的生物识别数据、生理数据及基因组数据。其中有一部分是受保护的，即与医疗记录或医疗服务提供者相关的部分，但也不尽然。很显然，我们为了某种程度的价值而分享这一信息，无论是与朋友分享发布消息的能力还是关于我们的遗产的信息。但我们已经看到了，对最终拥有它的人而言，这一信息有何价值，我们无从知晓。

这里出现了一个很有意思但不常谈起的情况，会增加分享信息的风险。回想一下我们在第一章探讨过的，没有一家公司拥有人们零星散落的数字自我数据，但现在情况发生了变化。几乎所有收集这一信息的公司，都有跟脸书一样的条款，声明你的数据是"可转让"的，这意味着如果一家公司被收购了，你的数据就随着本次收购一起成为交易的一部分。考虑到大多数小公司最终的结局都是被收购或者变卖资产，你可能永远都不会知道最终你的数据去了哪里。这还不算最糟的，最糟的是在获取数据的同时出现"漏斗效应"，即数据可能与关于你的其他数据实现进一步关联，每一次新的关联都会让其价值增加。

所有这些问题的挑战在于，人们的数字自我被整合到了广泛的网络中，提供了关于你的准确描述，而这是你永远不会公开同意的。因此，人们根本不可能沿防线建立防御工事，即围绕数字自我修建一条"护城河"，从而达到保护这些数据的目的。无论让获取私人信息的路径如何合法化或如何予以保护，还是无法做到万无一失。

保护数字自我的难度已经超出了人们的能力范围，现在的挑战变成你如何追溯并维护个人数据的所有权。这个问题的答案，在很大程度上是：所有这些与区块链的构建目标相当一致，同样是让数据可追溯，有无法消除、永不变更的记录证明。没有这些，数字自我既不能追溯，也不能验证。因此，区块链变成了维护所有权、保护数字自我免受侵害的手段。

我们可以做一个类比，方便说明区块链在根本上同任何一种防线防卫大不相同。区块链相当于抵御疾病的免疫系统，人的身体有非常强大的防御系统，但如果不让所有这些讨厌的疾病进入身体，人就无法生存。人的身体通过不断地与这些入侵者对抗，建立免疫系统，从而战胜这些经常入侵的疾病。为达到这个目的，免疫系统采用了所谓分布式控制系统（Distributed Control System），意味着它不是集中式的，没有单点故障一说。

不仅免疫系统是非集中式的，人体的每一个细胞都包含全套 DNA（脱氧核糖核酸），如肝脏细胞与眼球细胞的表现形式虽然不同，但两者都包含全套 DNA。

区块链和 DNA 及免疫系统的工作原理类似，这种类比可以有效地帮助我们理解如何抵御网络威胁。对二者来说，维护系统完整性所需的数据，均分布在全部节点或细胞中。攻击单个节点或细胞或任何群体，都不会影响系统其余部分的完整性。在这种情境下，数字自我能够永远保持与其所有者的关联，因此总能追溯到其所有者。

保护数字自我的含义如下：

1. 个人识别信息应总能通过区块链关联至正确的合法所有者。

2. 任何时候均可追溯、查看并追回与个人身份相关的数据，无论当前谁在存储或使用数据。

3. 个人识别信息应是可稽核的，便于你列出它在哪里使用及如何使用。

4. 个人识别信息只能由所有者披露给第三方，第三方不得以任何形式存储此信息。相反，第三方只能存储数字自我的区块链散列。

5. 使用数字自我的衍生价值取决于个人和数据使用者之间达成的协议，协议明确规定交换的价值。

6. 数字自我被视为合法实体，可以获得授权，代表所有者进行某些交易。

7. 数字自我作为所有者的财产受到保护。未经授权的使用均应依法——类似于今天的身份盗窃法予以处置。

8. 建立通用的线上居留系统（类似于爱沙尼亚的线上居民），任何国家的任一公民均可加入，确保个人拥有永久的身份和不容置疑的财产所有权。

在本书中，我们描述了随着人类迈入 21 世纪，商业、工厂、营销、品牌等工业时代的模式，都已变为无法持续增长和进步的机制。因此，保护我们自身、组织机构以及国家的理念，无疑也必须要从"明确边界并防御"的工业时代模式向"开放的边界与防护"模式转变。最终，它会成为唯一可持续的模式，不断增强我们对数据和数字自我所有权的保有能力。

机器人规则

在结语部分，我们必须要审视一下本书中一直断断续续描述的一个争议——很多人声称人工智能会对文明造成威胁——否则我们就显得有些失职了。

埃隆·马斯克把人工智能称为"人类的存亡威胁"，两年前，他发推特称"我们要超级小心人工智能，它可能比核武器更危险"。

史蒂芬·霍金在 2017 年初接受 BBC（英国广播公司）采访时说："人工智能的全面发展将宣告人类的灭亡……它会自己迅速发展，以一种不断递增的速度重新设计自我，而人类，因为受限于缓慢的生物进化，无法与之竞争，最终会被其替代。"

与此相反，脸书的CEO马克·扎克伯格则显得更为乐观。

在2017年7月的脸书现场直播中，扎克伯格明确提出，他想要抵制周围不断蔓延的对人工智能的潜力表现出的恐慌。他说："我对此的看法十分坚定，我很乐观……我认为你们可以成事，世界会变得更好。我对人工智能尤为乐观。而且对于那些老爱唱反调，试图鼓吹末日论的人——我简直无法理解。实在是太负面了，在一定程度上，我甚至觉得这是极其不负责任的表现。"他还说："在未来5～10年，人工智能将带来非常多的改善，能提升人们的生活品质。"

所以，人们应该相信谁——杀手机器人还是慈悲的良伴？对此，我们持一种更为中肯的观点。人工智能无疑会超越人类，并且人工智能更了解所有的自动驾驶汽车，或其他足够先进的人工智能支持的设备，清楚它们所做的每一个决定中涉及的所有变量。末日论的谬误在于，它针对的是当前及预计的人工智能设备，而这些均属于狭义的人工智能（我们在第四章中探讨过），自动驾驶汽车也许能决定如何驾车，但它无法决定别的事情，它甚至不能跟你下棋。马斯克和霍金所表达的担忧仅限于广义的人工智能，即能够自我设定目标的人工智能。

我们无法消除对人工智能进化的所有担忧。尽管保持警惕十分关键，但保持中肯的视角，客观看待当前的人力成本也同样重要。

推理能力是人类所独有的终极力量，这种力量越强，人的决定影响力越大。我们决定授权给企业、社会以及政府领导人，希望他们有能力胜任自己的职位，正确使用这种权力。不过，倘若我们秉持坦诚、准确的态度，其中有哪些是绝对清晰明白的决定？极少。

当第一枚原子弹被投到广岛，多数军事领导人的态度是，与日本的战争已经结束了。而其他人则认为原子弹与战争的结束毫无关系。德怀特·戴维·艾森豪威尔将军曾在两个不同的回忆录中说道，他"不愿意看到美国率先在战争中使用这般可怕的、极具破坏力的新武器"。而后来，他在回忆录中又说道，"日本已经被打败了……投放原子弹完全没有必要"。60年后，人们依然不清楚当初投放原子弹的决定到底有无必要。[9]

人们总是通过计算绝对积极结果的概率，来决定真正生死攸关的事情。有时候我们能为这些决定进行逻辑清晰且缜密的辩护，而其他时候则继续沿循这种看不见的机制。

可能最讽刺的地方在于，揭示隐藏的信息后会出现的不可避免的结论是，人们在努力追求行为绝对透明的同时，又在创造存在于黑匣子中的人工智能。这可能理解起来有些困难，因为有悖于人们从孩提时代起就根植于脑海中的思维模式，超出了我们的理解范围，机器总是可预测的，但人类不是。

2017年5月，区块链平台的最大供应商之一Guardtime（防护时间）的CEO迈克·高尔特（Mike Gault）在其博客中描述了 2025 年绝对透明对世界将意味着什么：

> 我有一个想法，假如区块链针对的不仅是一个云系统，而是所有的云系统，所有的数据——世界上每一个交通工具、每台电脑、所有网络中存储的数据，这对全世界来说意味着什么。我们的社会将从以信任为基础转变为以事实为基础，即人类可以选择是否要信任彼此，但他们也可以利用区块链来验证事实的真相。[10]

高尔特描述的基于事实的社会，在原理上听起来非常好——面对事实和谎言，谁会选择后者呢？但本书中描述的技术、行为观察，以及毋庸置疑的所有权和身份，是否构成事实，还是只证实了准确程度？我们认为人工智能的风险，不在于它能够进化为一个统治人类的阶级，而在于接受其绝对正确性，从而莫名其妙地产生这样的错觉，觉得人类所做的决定不如机器做得那么好、那么有效或有价值。

在罗伯特·瓦赫特（Robert Wachter）博士所著的《数字医疗：信息化时代医疗改革的机遇与挑战》（*The Digital Doctor: Hope, Hype, and Harm at the Dawn of Medicine's Computer Age*）中，他描述了一种场景，阐释了机器绝对正确已经是一个危险的主张，不幸的是，他描述的是很典型的场景。[11]

瓦赫特谈到了医院儿科病房中有一位小病人，护士认为给他所开的抗生素剂量高得离谱，38.5 片，因为通常情况下一次的剂量就是一片。根据瓦赫特的描述，护士的反应是，"大到吓人的剂量"。开具这一剂量的是一个基于计算机的系统，这个系统很受所有临床医生的欢迎，因为它能更安全和精确地分配药物。然而护士还是不太相信这个剂量，但当她检查已分配的药物时，药物整整齐齐摆放在病人的医药抽屉中，这位护士表示，"我记得来到他的抽屉前，看到了一整套摆放得整整齐齐的药物，都是机器人送来的。每一摞里面有八小包，我的反应是，哇，这么多复方新诺明（Septra）……剂量大到惊人"。

当时她找不到人核实这个剂量，只好将之理解为可能是一次临床尝试，她甚至还问了这个 16 岁的病人是否觉得剂量有问题。病人习惯了吃各种各样的药，他没有表示反对，吞下了整整 38.5 片药，6 个小时后，他开始出现痉挛，呼吸一度停止。令人难以置信的是，这个男孩活下来了。

对于这件事，人们很容易就会把责任归咎于护士或者开药的医生，甚至可能是那个复核剂量的药剂师，但导致这个错误的原因，其实是不慎按照病人的体重输入毫克剂量的结果，足足让输出结果比正确值增加了 30 倍。

要追溯问题的源头并不难，这是操作机器人分派员的应用与人类对接的问题，不过，它揭示了与前文探讨的法航 447 号航班面临的难题的对立面。在法航 447 号航班的案例中，问题出在飞行员忽视了电脑的警告；而在这个案例中，问题出在对其绝对正确的坚信不疑。

倘若相较于人工智能操作的机器，人们更信任容易被理解的机器，那么当电脑既是开药方者又是分配员时，我们该信谁呢？

人们现在正处于行为和技术最难以置信的交界点。一方面，人们面对的是毋庸置疑的区块链，它能用完全透明的方式来记录我们的生活，我们相信电脑能够做到万无一失。另一方面，我们同时面对的是人工智能的"黑匣子"，它做决定的方式往往难以理解。

如果再回到之前探讨的创造基于事实驱动的世界这个论点上，与人工智能的关联就变得非常明显了。如果电脑在99%的情况下都绝对正确，这算是构成了事实吗？如果换成是99.999%的正确性呢？记住，另外有0.001%的可能性是它大错特错。

例如，斯坦福大学教授米夏尔·科辛斯基（Michal Kosinski）曾展示过，利用人工智能进行面部识别，用于确定性别取向、政治倾向，甚至是一个人的IQ（智商），准确率界于83%～91%之间，这引起了轩然大波。[12] 倘若面部识别也能确定一个人有90%的从事犯罪活动的倾向，结果会是什么情况？同样，它仍有10%的可能性是大错特错。你先别急着对此嗤之以鼻，想想这种场景跟塔吉特预测女性是否怀孕的做法有何不同。要知道，无论是人类还是非人类，都没办法保证其做的决定100%无误，那么多低的出错率能够被接受呢？

这是一个十分棘手的问题。

新武器竞赛

我们相信人们对自动化决策的依赖，以及电脑在自动化决策中发挥的作用不会减弱、受限或是放缓。这两种趋势给经济和人类带来的利益，很快就会超越任何阻碍的力量。即使我们能做到阻碍其发展，也不应该那么做。正如奥伦·埃齐奥尼（Oren Etzioni）在 2017 年 9 月《纽约时报》的一篇文章中所指出的："问题在于，如果我们真那么做了，像中国这样的国家就会超越我们。"

很明显，我们已经进入了一场新武器竞赛，而且这一竞赛没有终点。那么我们能做什么？我们应该做什么？竞赛规则又是什么？

1942 年，艾萨克·阿西莫夫向我们介绍了他的机器人三定律：[13]

1. 机器人不得伤害人，也不得见人受到伤害而袖手旁观。

2. 机器人应服从人的一切命令，但不得违反第一定律。

3. 机器人应保护自身的安全，但不得违反第一、第二定律。

自那时起，成千上万的作品都引用了这三条定律，它们已经成了机器人支持者的口头禅。这些定律看起来似乎非常简单，那么这到底是不是所有问题的答案呢？很可能不是。在布鲁金斯学会的一篇发布稿中，彼得·辛格（Peter Singer）指出了这些定律背后的荒谬之处，"你给死神（Reaper）无人机安装地狱火（Hellfire）导弹，在模块化先进武装机器人系统（Modular Advanced Armed Robotic System，简称 MAARS）上配备机器枪，就是在让人们互相伤害。问题就在这里"。

微软 CEO 萨提亚·纳德拉（Satya Nadella）提出了更为务实的管理人工智能的定律：[14]

- 人工智能必须用来辅助人类。纳德拉提出，与人类一起工作的机器应当从事"采矿之类的危险工作"，但仍旧"尊重人类自治"。
- 人工智能必须是透明的。"我们需要的不仅是智能机器，而且是可理解的机器，"纳德拉说，"大家应该对技术如何审视和分析世界有所了解。"
- 人工智能必须实现效能最大化，同时不伤害人类的自尊。"在设计这些系统时，我们需要让人更广泛、更深入地参与更多的互动，未来的价值观和美德不应由技术来决定。"
- 人工智能必须保护智能隐私。纳德拉要求，"要有复杂的手段保护个人以及群体的信息"。

· 人工智能必须承担算法责任。以便"人类可以撤销非故
意的伤害"。

谷歌也有自己的五条定律，并将它称为挑战。[15]

· 避免负面影响：如何阻止扫地机器人为了更快地打扫地
面径直推翻（而不是绕过）花瓶？

· 避免对奖励条件的非法解读：如果机器人的编程是享受
打扫你的房间，你如何阻止它因为想再次享受打扫之乐
而又把房间弄乱？

· 可扩展的监管：你会让机器人做多少决定，它打扫你的
房间时，是否每次移动一个物体都要问你一次？还是只
有在移动你放在床下的那个特殊的花瓶时才问？而且由
于同样的原因，它从来不在瓶中插入鲜花？

· 安全探索：你如何教会机器人好奇心应该是有限制的？
谷歌的研究人员给出了一个机器人学会哪里可以打扫的
例子。你如何让它知道擦新地板是没问题的，但它无论
如何也不应该把拖把插进插座中？

· 分配转变的坚定性：我们如何保证机器人尊重它们所处
的空间，一台可以在你的卧室里尽情撒欢的扫地机器人
与在工厂里打扫的机器人的表现应该完全不一样，但它

怎么能知道两者的区别呢？

苹果的联合创始人史蒂夫·沃兹尼亚克（Steve Wozniak）说我们还应加一条定律，即人类不能伤害一台能"思考"的机器。这要求我们做一些本书始终在建议的事情，把人工智能当作一个合作伙伴，我们的做法要跟工业时代的道德观恰恰相反：让人工智能人格化。

但所有这些定律、挑战以及准则都有一个问题，这些问题不是针对人工智能、电脑、自动装置、机器人，而是针对人类的。

想想今天你会如何贯彻这些定律。如果你制造了一台有伤害人类倾向的机器人，芯片中有没有那种内置的安全防护，能够防止机器人造成伤害？诸如 Python（派森）这样的编程语言，有没有适合所有软件应用的标准代码，能够保证它不伤害人类？当然没有了。

有一种很荒谬的方法，可能会抚慰我们的良知或让我们不那么焦虑，那就是相信有一套简单的规则，可以管控人工智能的进化，但这只是幻想罢了。我们所讨论的技术，从人工智能到自动驾驶汽车，从区块链到行为学计算，都会在某种程度上造成伤害、斗争，招致恐怖主义，触犯法律。我们虽然不能容忍，但必须接受这个现实。我们的挑战不在于找到方法消除这种可能性，因为那是徒劳的（除非我们找到方法改变人性），挑战在于充分利用同样的技术，做到趋利避害。

所以，我们在计划什么呢？如果我们同意答案并非如此，而且也不存在掌握完美的解决方案的能力，事实的概念也不像我们希望的那样非黑即白，而在于我们如何巧妙地利用这些技术收获多种益处。那么问题就变成："我们如何利用技术创造最大的益处，让其招致的麻烦最小化？"我们希望提出以下6条针对任何智能系统或自动化设备的国际标准：

1. 在人工智能不承担法律责任的前提下，最终必须是人类或承担法律责任的实体对人工智能设备的行为负责。

2. 有能力做决定的机器人、自动驾驶汽车以及任何人工智能设备，其开发必须遵循人类同样遵守的法则。

3. 任何自动化设备必须允许授权人的干预，人类有凌驾于设备之上的决定权，并且必须要遵照自动继承顺序，至少有一个授权人。

4. 自动设备的任何决定必须是可稽核的，其方式是人类可以理解的。

5. 涉及损害财产事件或造成人类伤害或死亡的自动设备，必须提供学到的可稽核的教训，形式应是人类可以理解的，同时能与其他自动设备分享。

6. 任何普适的人工智能必须获得许可才能执行任务，且仅限于明确定义的操作领域。

这些标准为人工智能的合法及可接受的使用范围奠定了基础，但这是万能之计吗？当然不是。它们只是旅途的起点，但会把我们带向未曾想象过的远方。

此外，我们深信，应该在这个领域开发国际标准，使人们能够监测、分享并基于道德规范发展人工智能。回想一下我们在第四章中探讨的，如何收集、分析航空事故中分享的数据，并在整个航空业广泛分享，以努力从事故中汲取教训，提升整个行业而非某个航空公司或生产商的安全水平。对人工智能和智能设备来说也是同理，无论是机器人、自动驾驶汽车还是任何其他自动设备。我们有必要建立一个全球人工智能理事会（Global Artificial Intelligence Directorate），确保人工智能的使用遵循有益于人类的发展路径。

不妨想想，尽管人类课题研究已有确定的标准，对人类课题相关的公开可用数据展开的研究却没有类似的限制，如果正如我们所预测的那样，我们的数字自我变得如同我们的行为记录一样稳定，我们就需要为其使用制定道德标准。

这些法律或道德的约束会消除违法利用人工智能，或阻止民族主义国家把人工智能用于不道德或非法的用途吗？我们知道这不可能，但它至少提供了一种制裁、追踪心怀不轨的人的方法，防止他们滥用人工智能和人类的数字自我。不要小看这些，将之视为不必要的官僚主义作风，这是我们在构建未来的过程中，需要发挥积极作用的领域。如果我们曾在核能演变过程中做了类似的事情，很有可能就会避免过去 70 年间核武器大规模扩散带来的许多风险。

另外，对于最终权威必须为人类的情况，人工智能的角色该如何定义。使用风险可控的狭义的人工智能是一回事；但对于不仅要替代人类判断，还要取代人类的直觉、价值和道德标准的人工智能，则应另当别论。

本书中描述的行为学金矿，面向任何一个希望抓一把数字凿子、铲子的人，这是史无前例、毫无规则的阵地争夺。

在本书第一版手稿最终确定时，我们听到了苏联中校斯坦尼斯拉夫·彼得罗夫（Stanislav Petrov）的讣告，他个人的人性之举可能使全世界免于一场核浩劫，因此我们又想起了这两点（监测人工智能的应用及其授权范围）是何等重要。

1983 年 9 月 26 日，彼得罗夫还是一位没有名气的苏联军官，他的职责是监控预防美国核导弹袭击苏联的卫星预警系统。

就在三个星期前，苏联人击落了一架韩国的民航客机，致使机上的 269 名乘客和机组人员全部死于非命。这正是我们在第一章中探讨的那架飞机，促使时任美国总统里根开放了 GPS 数据，而当时两个超级大国之间可以说是剑拔弩张，战争一触即发。

9 月 26 日早上，彼得罗夫监测的雷达系统发出了一次又一次信号，毫无疑问五枚美国民兵洲际导弹正直扑他的祖国苏联而来，苏联正遭遇袭击，红军协议（Red Army protocol）明确规定了彼得罗夫必须要怎么做：不到 30 分钟，导弹就能到达目的地，苏联将丧失在本国发起反击的能力。各种恐惧突然变成了不可想象的现实，彼得罗夫回忆起当时紧张不已的几秒，仍心有余悸。

"警报声响起，但我在那儿坐了几分钟，目不转睛地盯着巨大的、闪烁的红色屏幕，上面写着'发射'。"这是他在 2013 年接受 BBC 驻俄罗斯频道的采访时所说的。闪烁的"发射"字样表明，美国的确已经发射了导弹。彼得罗夫数着时间，第二次报警响起，"导弹袭击"的字样开始在屏幕上闪烁。"我只需要拿起电话，给我们的最高指挥官直接汇报。"

如果彼得罗夫打了这个电话，我们——至少我们这些还能幸存下来探讨此事的人——就会记住，26 日那天世界发动核武器袭击，重新回到石器时代。

很显然，彼得罗夫并未拿起电话，他坐下来，倾听自己的内心。他的内心在斗争，是想都不想按照要求行事，还是出于人类的本能阻止一次核浩劫，相信美国军队绝不会发起这种不可想象之举？彼得罗夫的内心告诉他这不可能是真的，一定是电脑弄错了。他看着确定无疑的数据，听着核警报发出的尖锐刺耳的声音，看着巨大的监视屏上闪烁的红色字母"导弹袭击"，等待着。他违抗了协议，联系了苏联导弹跟踪站，看看他们有没有发现什么，结果什么也没有。从发射报警到现在已经过去了 7 分钟。23 分钟后，彼得罗夫知道自己的直觉是对的，是电脑错了。后来经证实，电脑把投射到云上的阳光当成了洲际导弹。

如果换作人工智能，在理解雷达和卫星发出的必要感官数据时，它会做得更好吗？它会有跟人类一样的反应，冷静下来思考遵照明确的目标行事会有什么后果吗？甚至连彼得罗夫自己都坦言，他的决定很大程度上是基于他并非纯军方背景。如果人工智能是由军方编程，采用军方的道德标准，它的决定会跟非军方承包商开发的人工智能一样吗？

这些全是不可能回答的问题，但这也正是关键所在。在判断力和直觉至关重要的情况下，既不存在确定无疑的线性或逻辑情况，也不存在单一的结果。

我们并不是说自己能回答这些问题，但我们要理解每一代新技术的创造能力和破坏能力其实是在同步增强的。这需要人们与日俱增的警惕性，我们必须与之保持同步。

写作本书的初衷绝不是引发恐惧，我们所列出的益处绝对大于需要为提高警惕而付出的代价。在任何情况下，人类面临的选择不是人工智能的演变或其破坏力，而是如何学会与之共处，充分利用其益处。

没有终点线

在写作本书而进行的对话和采访中，来自 nuTonomy 的卡尔·亚涅马的一段评论一直让我铭记于心。在说到自动驾驶汽车和人工智能整体的发展时，他说：

> 谁会最先到达终点线，赢得这次竞赛？竞赛一般来说有一个终点且只有唯一的胜者，就这个行业来说，这两者都不适用，路上会有初始版本的自动汽车，足够安全并且类人，而且人们会使用它。这已经很棒了，但它的软件会随着时间进一步完善，这些进步的取得是通过智能改进，模仿人类的行为实现的。

有些挑战是有终点线的 ——尼尔·阿姆斯特朗（Neil Armstrong）第一次登月，人类基因组测序。这些是我们在第二章中介绍过的钟类问题，而其他的挑战则需要不断变化的应对方案，属于永远也无法彻底解决的云类问题。在很大程度上，这就是我们所描述的那种未来，是人性和技术共同演变的未来。

有一件事非常清楚，当我们回顾 20 世纪和 21 世纪初的时候，想到人类竟能在对行为没有深刻认识的前提下，取得各种成就并成功在这个系统中存活下来，心中必将充满敬畏。我们经常谈论的反乌托邦社会并非未来人类的栖居地，而恰是我们当今所处的社会。

我们会对过去的人类充满同情，他们很少被认识到，在人口统计中充当一张张生疏的面孔。他们乘坐原始的机器出行，简直是在拿自己的生命冒险，他们必须要面对各种限制，每天要面对的不确定性和变化无常都是我们难以理解的。

《隐藏的行为》一开始就是讨论工业时代的终结，新时代的开启，我们在其中构建经济、商业和生活，对自己的行为以及地球上共同栖居的智能机器的行为有深刻的理解——智能机器这一全新的物种将会是我们的合作伙伴和同事。

未来充满不确定性，我们对之心存恐惧和担忧，但同时也看到了前景和价值，在深入探究这些不确定性的过程中，我们尝试保持中立的观点，而在指出透明和隐私的风险时我们直言不讳，因为风险是实实在在的，需要人们时刻警惕。但在向所有人，无论是个人还是社会整体描述隐藏的行为的益处时，我们也同样毫无保留。

我们可以再写 8 万字，推测所有这些趋势将如何一步步展开，但从亲身经历中所学的远比纸上读来的多，所以写科幻小说的工作还是留给科幻小说家吧。事实就是，我们所有人——无论是个人还是集体——都必须要找到平衡点，追求透明所获得的收益相较于需要付出的代价是值得的。这并非全新的话题，但显然其潜力从来没有这样巨大。

我们在本书之初引用了亨利·戴维·梭罗的名言："人已成为其工具之工具。"在工业时代之初，梭罗无疑是在说人性已经沦为商业化、物质化、工业化，甚至战争的工具，工具正以一种前所未有的方式包围人类，工厂的壮观景象，蒸汽船取代航船，蒸蒸日上的铁路系统，所有这些都推动了全球发展，但同时也深深镌刻在梭罗所预见的那种人性中。我们可能需要再度提醒自己：1850 年，地球上共有 10 亿人口，其中有 93% 的人生活在极度贫困中。今天全球有 70 亿人口，生活在极度贫困线以下的人不到 10%。[16] 令人吃惊的是，这意味着今天生活在极度贫困中的人大约不到 4 亿。而梭罗最担心的工业机器，却正是人类摆脱深度绝望最重要的原因。

无论在哪个时期，伟大的进步都不免被反对者批评为人类的威胁；所谓即将到来的宇宙崩塌的厄运，从来也没有发生过，但这种反对的论调并不会就此打住。

我们希望以一个非常简单的想法结束本书："这不是终点。"未来还有无数的决定、创新、挫折和飞跃。我们无数次走到改变的边缘，还会无数次回到那里，每一次我们依然会面对二选一的抉择。

一条路是只盯着未来的风险，为曾经的失去悲伤不已，对熟悉的环境习以为常；不论结果如何，对其缺点确定无疑，因为这就是我们所知道的，我们也是这般定义自我的。正如在险象环生的海上行驶的船长，为自己善于避开昔日的障碍而倍感骄傲。把未来留给那些更年轻、更愚蠢、没有太多东西可失去的人。

另一条路是无所畏惧、大胆地走向未来，清楚地认识到，很多已知的东西都会面临前所未有的变化和冲击，但我们也会收获同样难以想象的益处。

所谓选择只是一种幻觉，通常并非人们选择走向未来，而是被整个未来所吸引和吞噬。选择不在于找到逃避未来或让它放慢脚步的办法，而是愿意成为观察者或积极的参与者，塑造未来，使之朝着对我们有利的方向发展。

亚原子的隐藏机制让我们对宇宙运行有了深入、准确的认识——促成了 20 世纪很多意义非凡的科学发现——同样地，揭示隐藏的行为也会为构建 21 世纪所需的透明奠定基础。这其中有没有风险？当然有，正如前文所述，我们需要保持警惕，但更大的风险在于什么也不做，在于我们害怕和无力创新，意识不到更有价值的未来的前景最终会胜过风险。历史从来不是在恐惧中诞生的。

隐藏的终会浮出水面，未来也将随之而来，这一切都不可避免。

致　谢

　　写书在某种程度上是一件孤独的事。进行复杂的构思、展开研究调查、盯着空白页面，其间的那份孤独，是写作过程中必不可少的一部分。有时你会沉浸在写作中，随着脑海里的想法和页面上的文字之间的界限变得越来越模糊，最后融为源源不断的文思，你整个人便完全陷入书里了。当思想来回穿梭自如时，人会感到心旷神怡。但有的时候碰壁也在所难免，所有的想法就像冬天里新英格兰地区的冷水管道一样被冻住了，那种感觉令人惊惧。

　　幸运的是，任何像本书一样涉及众多领域的作品，都不可能凭一己之力完成。本书是众多智慧的结晶，100多位不同领域、极具影响力的人士为本书的创作提供了大量的见解、鼓励与支持。寥寥几句实难表达我们对参与本书创作的诸位真挚的感激之情，因为有太多的人要感谢，他们每一位都在本书的创作过程中起到了重要的作用。

　　但我依然要在这里感谢那些为本书倾注了大量的时间、精力及经验的人，没有他们的帮助，就没有这本书的问世。

首先，我要对担任我的文学经纪人 20 年之久的约翰·维利希（John Willig）表示由衷的感谢。约翰鼎力支持本书的创作，更重要的是他作为我的朋友，从日新月异的出版业的角度出发，为我提出了独一无二的专业建议和指导。在约翰刚开始审阅时，本书的主题还是一个非常超前的话题。虽然考虑到漫长的出版流程，超前算得上是一件好事，但同时它也意味着很难说服出版商相信本书的观点会得到市场共鸣。如果不是约翰的信心、执着和坚持，就不会有本书的出版。说实话，我最大的担忧就是约翰会在我之前退休。

我也同样感谢 Post Hill 出版社优秀的团队，尤其是编辑麦克·刘易斯（Mike Lewis）、马迪·斯特金（Maddie Sturgeon）、比利·布劳内尔（Billie Brownell）和凯特·波斯特（Kate Post）。迈克读完企划书后立即意识到了它的前景，并决定将它推向市场。Post Hill 出版社具备本书所述的灵活、智慧且专注的机构所特有的品质。过去几十年来，出版行业所面临的千变万化的挑战是其他行业无法比拟的。对作家而言，相较于过去有了更多的选择。但要出版一本有品质的书，需要一支专业的团队。因此，我们现在比任何时候都更需要像 Post Hill 出版社这样了解市场的出版商，需要支持书作出版的专业团队，这比以往任何时候都更重要。

本书的两个核心概念——新兴系统和生态圈，始于与两位朋友长时间的交流与合作，他们给了我深刻的启迪，重塑了我对未来的认识。

第二章中谈到的新兴类问题和诸多思考都来自我的好朋友，供职于 aspiregroup.com 的吉姆·海斯（Jim Hays）。他最早向我推荐了卡尔·波普尔的作品，让我领略其对钟与云之间区别的精彩论述。吉姆是为数不多能够用简明扼要的语言，解释令多数人大惑不解的复杂问题的人。围绕解决问题在本质上发生的改变，以及这要求人们具备哪些新的技能，从什么样的新角度去看待未来的挑战，他提出了自己的见解，这些概念对本书的根本论点至关重要。

我的朋友、合作伙伴拉尔夫·韦尔伯恩（Ralph Wellborn）让我接触到了数字商业生态圈的概念，那是我过去 3 年来几乎所有作品的中心主题，也是本书第五章的重点话题和贯穿全书的主题。当拉尔夫首次向我提及数字生态圈的概念时，我感到眼前一亮，由此看到了未来创建企业的一个重要组成部分。我承认自己下了很大功夫才完全理解这一概念将来会产生的影响，但如果没有这一概念，许多像黏合剂一样贯穿全书的内容都将缺失。拉尔夫的新作《颠覆：企业战略的终结与爆炸式增长新模式的兴起》（*Topple: The End of Firm-Based Strategy and the Rise of New Models for Explosive Growth*）是面向未来商业生态圈的一份宣言。

本书的最初几稿是由我供职于 ideaworks.com 的好朋友苏尼尔·马尔霍特拉（Sunil Malhotra）审阅的。苏尼尔通读书稿并提供了具有全球视野的见解。生活中很少能遇到如此有学识，又如此善于表达个人见解的人。认识苏尼尔这么多年来，每一次与他的交流，都让我感觉如醍醐灌顶。

此外，还要真心感谢接受过我们采访的诸多受访者。写作本书最大的收获，是能够认识许多满怀热情的人，他们是未来真正的改革者。正文部分有多处引用他们的观点，希望你也能感受到他们的热情和动力，同时希望本书能充分展现他们的远见卓识。反对者总站在过去的屋顶上大喊大叫，建设者却在默默为建造未来打下根基。正是这种从零开始的热情和乐观给予我希望，让我相信未来的益处将远远超过人们面对的阻碍。

本书的许多观点和思路都来自我的同事、合著者、密友乔治·阿基利亚斯（George Achillias）。我与乔治相识于 10 年前，当时他还是一名 MBA（工商管理硕士）学生。他眼中的热情和深刻洞悉未来的能力立即吸引了我。但当时我并不知道他已经是一位成功的企业家、核物理学家和科技权威人士。他不只能提前想到下一步，还能想到下下一步。在写作本书期间，乔治一直在开阔我的视野，激励我看到在表面趋势的背后，揭露隐藏力量的科技将成为发展的必然趋势。书中许多观点都是我们多年来交流的成果，我们一起成为最早一批体验谷歌眼镜的探索者，共同讨论情感计算的出现。虽然最早是他来向我请教，但后来我们合作得非常愉快，让彼此都更清楚地看到了未来的道路。

　　最后要感谢我们的朋友和家人，感谢他们的支持和鼓励，与他们付出的支持和关爱相比，任何感激的言辞都显得苍白无力。作家总是对自己的想法自信满满且无所畏惧，若要公开表达自己的观点，这种状态十分必要，但透过坚硬的外表，大多数作家的内心深处其实十分脆弱。我们活着就是为了抓紧一切机会与他人分享自己的知识，或自认为知道的事物。这其实是一种病，而唯一的治愈方法就是写作。有时我们会因作品获得称赞而继续创作，但有时也会像其他作家一样碰壁。正因如此，我们需要最亲近的人提醒自己，我们必须坚持写作，因为那才是我们。

　　普利策奖获得者、作家朱诺·迪亚斯（Junot Diaz）曾说过："作家之所以是作家，是因为即便没有希望，即便你所做的事情看不到任何前景，你还是会继续写作。"乔治身后有贤妻伊莎贝拉（Isabella）的付出与支持，而我的一双儿女米娅（Mia）和亚当（Adam），总能带给我惊喜，他们的聪颖和潜力让我能近距离地感受未来的神奇，他们是我不懈努力、保持希望、坚持写作的动力。我非常感谢他们。

——托马斯·科洛波洛斯

2018 年 1 月于波士顿

注 释

序 言

1. Maria Popova, "The Vampire Problem: A Brilliant Thought Experiment Illustrating the Paradox of Transformative Experience," BrainPickings, accessed October 2, 2017, https://www.brainpickings.org/2017/09/13/transformative-experience-vampire-problem/?utm_source=Brain+Pickings&utm_campaign=8345b247c8-EMAIL_CAMPAIGN_2017_09_15&utm_medium=email&utm_term=0_179ffa2629-8345b247c8-234634073&mc_cid=8345b247c8&mc_eid=a59a59f2a9.

2. Bairoch, Paul. *Economics and World History: Myths and Paradoxes.*) Chicago: University of Chicago Press, 1999). 转换为 2016 年美元。

3. Bairoch, *Economics...* 转换为 2016 年美元。

4. 我们将之命名为"杰森式",借此向 20 世纪 60 年代面向未来的动画片系列中的《杰森一家》致敬。

5. Lee Rainie and Maeve Duggan, "Privacy and Information Sharing," *Pew Research Center*, January 14, 2016, http://www.pewinternet.org/files/2016/01/PI_2016.01.14_Privacy-and-Info-

Sharing_FINAL.pdf.

6. 在第四章中，汽车在整个人类可能的主要致死原因中位居榜首。

7. Michael Sheetz, "Technology Killing off Corporate America: Average Life Span of Companies Under 20 Years," *CNBC*, August 24, 2017, https://www.cnbc.com/2017/08/24/technology-killing-off-corporations-average-lifespan-of-company-under-20-years.html.

8. J.M. Alston et al.,*Persistence Pays: U.S. Agricultural Productivity Growth and the Benefits from Public R&D Spending* (New York,: Springer-Verlag, 2010), http://www.springer.com/us/book/9781441906571.

9. Dan Keldsen and Tom Kouloupoulos, *Gen Z Effect: The Six Forces Shaping the Future of Business* (Brookline, Massachusetts: Taylor and Francis, 2014).

第一章

1. Keldsen and Kouloupoulos, *The Gen Z Effect...*).

2. John Gantz and David Reinsel, "The Digital Universe Study In 2020: Big Data, Bigger Digital Shadows, and Biggest Growth in the Far East—United States, " International Data Corporation (IDC), February 2013, https://www.emc.com/collateral/analyst-reports/idc-digital-universe-united-states.pdf.

3. Germany, ZEIT ONLINE GmbH Hamburg. "Http://opendata.zeit.de/widgets/dataretention/." ZEIT ONLINE. Accessed October 08, 2017, http://www.zeit.de/datenschutz/malte-spitz-data-retention.

4. Emily Steel et al., "How Much is Your Personal Data Worth?" *Financial Times*, June 12, 2013, http://ig.ft.com/how-much-is-your-personal-data-worth/#axzz2z2agBB6R; Facebook $24 billion yearly revenues / 2 billion users = $12/user.

5. Mayo clinic librarian.

6. Patrick Nelson, "Just One Autonomous Car Will Use 4,000 Gb Of Data/Day," *Network World*, December 7, 2016, http://www.networkworld.com/article/3147892/internet/one-autonomous-car-will-use-4000-gb-of-dataday.html.

7. Larry Dignan, "Apple's App Store 2016 Revenue Tops $28 Billion Mark, Developers Net $20 billion," *ZDNet*, January 5, 2017, http://www.zdnet.com/article/apples-app-store-2016-revenue-tops-28-billion-mark-developers-net-20-billion/.

8. Erick Schonfeld, "Zuckerberg Saves Face, Apologizes For Beacon," *TechCrunch*, December 5, 2007, https://techcrunch.com/2007/12/05/zuckerberg-saves-face-apologies-for-beacon/.

9. 全部数据汇总参阅本书结尾部分。

10. U.S. Naval Research Laboratory, "Father of GPS and Pioneer of Satellite Telemetry and Timing Inducted into National Inventors Hall of Fame," March 31, 2010, https://www.nrl.navy.mil/media/news-releases/2010/father-of-gps-and-pioneer-of-satellite-telemetry-and-timing-inducted-into-national-inventors-hall-of-fame.

11. Julie Fancher, "Rowlett Mom Used GPS to Find Girl Who Was Sexually Assaulted," *Dallas News*, August 20, 2015, https://www.

dallasnews.com/news/crime/2015/08/20/rowlett-mom-used-gps-to-find-girl-who-was-sexually-assaulted.

12. US Department of Transportation, Federal Aviation Administration, "NextGEN," accessed October 2, 2017, https://www.faa.gov/nextgen//.

13. US Department of Transportation, Bureau of Transportation Statistics, "Airline Fuel Cost and Consumption (U.S. Carriers - Scheduled) January 2000–July 2017," accessed October 2, 2017, https://www.transtats.bts.gov/fuel.asp?pn=1.

14. Keldsen and Kouloupoulos, *The Gen Z Effect...*

15. Geological Society, "Super-Eruptions: Global Effects and Future Threats," accessed October 2, 2017, http://pages.mtu.edu/~raman/VBigIdeas/Supereruptions_files/Super-eruptionsGeolSocLon.pdf.

16. Steve Mirsky, "When Humans Almost Died Out; Earthy Exoplanets; And Scientific American's 165th Birthday," (podcast), August 12, 2010, https://www.scientificamerican.com/podcast/episode/when-humans-almost-died-out-earthy-10-08-12//.

17. Debra Black, "Were Early Humans Close to Extinction?" *The Star*, January 27, 2010, https://www.thestar.com/business/tech_news/2010/01/27/were_early_humans_close_to_extinction.html.

第二章

1. "50 Years of Moore's Law," Intel, accessed October 2, 2017, https://www.intel.com/content/www/us/en/silicon-innovations/moores-law-technology.html.

2. Martin Lindström, *Small Data: The Tiny Clues That Uncover Huge Trends* (New York: Picador, 2017).

3. "John Vincent Atanasoff: The Father of the Computer," (obituary), accessed October 2, 2017, http://www.columbia.edu/~td2177/JVAtanasoff/JVAtanasoff.html.

4. 此处用牛顿／爱因斯坦，旨在说明尽管爱因斯坦的物理学理论在理解事情的起因上有了巨大的飞跃，却并未否定牛顿对事物发展的解释，两者可以共存，而且事实如此。

5. 在 aspiregroup.com 上，与吉姆·海斯一起就托普勒以及他对钟与云的类比进行了深入探讨。

6. Tibi Puiu, "Your Smartphone Is Millions of Times More Powerful Than All of NASA's Combined Computing in 1969," *ZME Science*, September 10, 2017, http://www.zmescience.com/research/technology/smartphone-power-compared-to-apollo-432//.

7. 改编自托马斯·科洛波洛斯，《云上冲浪》（*Cloud Surfing*）（布鲁克林：Bibliomotion 出版公司，2012 年）。

8. "500 Billion Billion Moves Later, Computers Solve Checkers," *Chess News*, accessed October 2, 2017, http://en.chessbase.com/post/500-billion-billion-moves-later-computers-solve-checkers.

9. "Showdown," *The Economist*, March 12, 2016, https://www.economist.com/news/science-and-technology/21694540-win-or-lose-best-five-battle-contest-another-milestone.

10. Matthieu Walraet, "A Googolplex of Go Games," January 9, 2016, http://matthieuw.github.io/go-games-number/GoGamesNumber.pdf.

11. AlphaGo 和其他深度学习系统一样，并非通过与人类对手玩游戏来锻炼自己，其对手是诸多其他电脑，而且在大多数情况下是自己跟自己对弈。

12. Kouloupoulos, *Cloud Surfing*.

13. Tom Bawden, "Global Warming: Data Centres to Consume Three Times as Much Energy in Next Decade, Experts Warn," *The Independent*, January 23, 2016, http://www.independent.co.uk/environment/global-warming-data-centres-to-consume-three-times-as-much-energy-in-next-decade-experts-warn-a6830086.html.

14. Research and Analysis by IDC, "The Digital Universe of Opportunities: Rich Data and the Increasing Value of the Internet of Things," EMC Digital Universe, April 2014, <https://www.emc.com/leadership/digital-universe/2014iview/executive-summary.htm>

第三章

1. "H.R. 387—115th Congress: Email Privacy Act." www.GovTrack.us. 2017. February 3, 2018 <https://www.govtrack.us/congress/bills/115/hr387>

2. "RealAge," *Sharecare*, accessed October 2, 2017. https://www.sharecare.com/static/realage.

3. Chiara Palazzo, "Consumer Campaigners Read Terms and Conditions of Their Mobile Phone Apps...All 250,000 Words," *The Telegraph*, May 26, 2016, http://www.telegraph.co.uk/

technology/2016/05/26/consumer-campaigners-read-terms-and-conditions-of-their-mobile-p/.

4. Dianna Dilworth, "How Long Does It Take to Read Popular Books?: INFOGRAPHIC," *GalleyCat*, September 11, 2014, http://www.adweek.com/galleycat/how-long-does-it-take-to-read-popular-books-infographic/91254.

5. Kashmir Hill, "Beware, Houseguests: Cheap Home Surveillance Cameras Are Everywhere Now," *Splinter*, February 18, 2015, http://splinternews.com/beware-houseguests-cheap-home-surveillance-cameras-ar-1793845387.

6. Sam Biddle and Spencer Woodman, "These Are the Technology Firms Lining Up to Build Trump's 'Extreme Vetting' Program," *The Intercept*, August 7, 2017, https://theintercept.com/2017/08/07/these-are-the-technology-firms-lining-up-to-build-trumps-extreme-vetting-program/.

7. Kate Conger, "Despite Looming Jail Time, Gurbaksh Chahal Is Back as Gravity4 CEO," *TechCrunch*, September 1, 2016, https://techcrunch.com/2016/09/01/despite-looming-jail-time-gurbaksh-chahal-is-back-as-gravity4-ceo/.

8. United States v. Aaron Graham, Appeal 12-4659 (4th Cir. 2016), http://pdfserver.amlaw.com/nlj/GRAHAM_ca4_20160531.pdf.

9. Moxie Marlinspike, "Why 'I Have Nothing to Hide' Is the Wrong Way to Think About Surveillance," *Wired*, June 13, 2013, https://www.wired.com/2013/06/why-i-have-nothing-to-hide-is-the-wrong-way-to-think-about-surveillance/.

10. Marc Santora, "Order That Police Wear Cameras Stirs Unexpected Reactions," *New York Times*, August 13, 2013. http://www.nytimes.com/2013/08/14/nyregion/order-that-police-wear-cameras-stirs-unexpected-reactions.html.

11. Hearings of Subcommittee on Courts, Civil Liberties, and the Administration of Justice of the Committee on the Judiciary, 97th Cong. (1982), http://cryptome.org/hrcw-hear.htm.

12. Wikipedia, "Time Dilation," accessed October 2, 2017, https://en.wikipedia.org/wiki/Time_dilation#cite_note-HSWTime-2.

第四章

1. 特斯拉自此已经修改了变道设计，更流畅，少"担忧"。

2. "Trends in Consumer Mobility Report," *Bank of America*, 2015, accessed October 2, 2017, http://newsroom.bankofamerica.com/files/doc_library/additional/2015_BAC_Trends_in_Consumer_Mobility_Report.pdf.

3. Geoffrey Mohan, "Is Playing 'Space Invaders' a Milestone in Artificial Intelligence?" *Los Angeles Times*, February 25, 2015, http://www.latimes.com/science/sciencenow/la-sci-sn-computer-learning-space-invaders-20150224-story.html.

4. "2016 Production Statistics," International Organization of Motor Vehicle Manufacturers website, accessed October 2, 2017, http://www.oica.net/category/production-statistics/.

5. 1亿辆汽车，平均长度为10英尺 / 每英里合5 280英尺 / 赤道长度为 24 000 英里，则结果为 7.89。

6. "Achievements In Road Safety," *International Organization of Motor Vehicle Manufacturers*, accessed October 2, 2017, http://www.oica.net/category/safety/global-safety/.

7. Daniel Tencer, "Number Of Cars Worldwide Surpasses 1 Billion; Can The World Handle This Many Wheels?" *Huffington Post*, August 23, 2011, http://www.huffingtonpost.ca/2011/08/23/car-population_n_934291.html.

8. "SeniorDriving.AAA," American Automobile Association website, accessed October 2, 2017, http://seniordriving.aaa.com/resources-family-friends/conversations-about-driving/facts-research/.

9. Zachary Shahan, "NASA Says: Automobiles Largest Net Climate Change Culprit," *CleanTechnica*, February 23, 2010, https://cleantechnica.com/2010/02/23/nasa-says-automobiles-largest-climate-change-culprit/.

10. Executive Office of the President National Science and Technology Council Committee on Technology, *Preparing for the Future of Artificial Intelligence*, October 2016, https://obamawhitehouse.archives.gov/sites/default/files/whitehouse_files/microsites/ostp/NSTC/preparing_for_the_future_of_ai.pdf.

11. Cari Romm, "Americans Are More Afraid of Robots Than Death," *The Atlantic*, October 16, 2015, https://www.theatlantic.com/technology/archive/2015/10/americans-are-more-afraid-of-robots-than-death/410929/.

12. Son, Khansari, Shastrula, Jarrahi, and Tomko v. Tesla, Inc.,

8:16-cv-02282-JVS-KES (US District Court for the Central District of California 2016), https://assets.documentcloud.org/documents/3534570/Teslaamendedcomplaint.pdf.

13. 我们说这一索赔很费解，并不是在评判或暗示关于此诉讼的任何是非曲直，而仅仅是指出自动驾驶汽车带来了各种与法律及道德相关的挑战。

14. John Paul, "Cars Crashing Into Buildings," WHIOTV, November 4, 2014, http://www.whio.com/news/cars-crashing-into-buildings/2P23WGXgsGJzfoLavPj2HL/.

15. John Markoff, "Planes Without Pilots," *New York Times*, April 6, 2015,https://www.nytimes.com/2015/04/07/science/planes-without-pilots.html?mcubz=0.

16. "Flight Response," *The Economist*, September 15, 2016, https://www.economist.com/news/science-and-technology/21707187-artificially-intelligent-autopilot-learns-example-flight-response.

17. Jeff Wise, "What Really Happened Aboard Air France 447," *Popular Mechanics*, December 6, 2011, http://www.popularmechanics.com/flight/a3115/what-really-happened-aboard-air-france-447-6611877/.

18. J. C. R. Licklider, "Man-Computer Symbiosis," *IRE Transactions on Human Factors in Electronics* HFE-1 (March 1960): 4–11, https://www.google.com/url?sa=t&rct=j&q=&esrc=s&source=web&cd=2&cad=rja&uact=8&ved=0ahUKEwihiKLEqrHWAhXGxYMKHYiyAkgQFgguMAE&url=httpspercent3Apercent2Fpercent2Fgroups.csail.mit.edupercent2Fmedgpercent2Fpeoplepercent2Fp

szpercent2FLicklider.html&usg=AFQjCNFN2LDXZsoeh7FyWL
LuAY8gqMyRqg.

19. Garreau, Joel (2006). *Radical Evolution: The Promise and Peril of Enhancing Our Minds, Our Bodies—and What It Means to be Human*. Broadway. p. 22.

20. "Advanced Monty Hall," interactivate website, accessed October 2, 2017, http://www.shodor.org/interactivate/activities/AdvancedMontyHall/.

21. Susan P. Baker et al., "Pilot Error in Air Carrier Mishaps: Longitudinal Trends Among 558 Reports, 1983–2002," *Aviation, Space, and Environmental Medicine* 79, no. 1 (2008): 2–6, https://www.ncbi.nlm.nih.gov/pmc/articles/PMC2664988/.

22. 谈谈一位董事错得离谱的行为。

23. 准确地说，必须获得 50% 的节点认可。

24. Mark Russinovich, "Announcing the Coco Framework for Enterprise Blockchain Networks," Microsoft Azure, August 10, 2017, https://azure.microsoft.com/en-us/blog/announcing-microsoft-s-coco-framework-for-enterprise-Blockchain-networks/.

25. "The Official Site of the Nobel Prize," accessed October 2, 2017 https://www.nobelprize.org/nobel_prizes/lists/all.

26. Tina Hesman, "The Machine That Invents," *St. Louis Post-Dispatch*, January 25, 2004, http://sl4.org/archive/0402/7882.html.

27. David Z. Morris, "Today's Cars Are Parked 95 Percent of the Time," *Fortune*, March 13, 2016, http://fortune.com/2016/03/13/cars-parked-95-percent-of-time/.

第五章

1 E. L. Doctorow, *Ragtime* (New York: Bantam Books, 1976), 154–155.

2. David Halberstam, *The Reckoning*, reprint (New York: Avon Books, 1987), 73.

3. Halberstam, *The Reckoning*.

4. Max Roser and Esteban Ortiz-Ospina, "World Population Growth," OurWorldInData.org, accessed October 2, 2017, https://ourworldindata.org/world-population-growth/.

5. Roser and Ortiz-Ospina, "World..."

6. "Uber Movement," Uber Technologies website, accessed October 2, 2017, https://movement.uber.com/cities?lang=en-GB.

7. Georgios Achillias, "Phygital Platforms: Merging Physical And Digital," Wipro Digital, accessed October 2, 2017, http://wiprodigital.com/2015/09/15/phygital-platforms-merging-physical-and-digital/.

8. Pamela Paul, "Save Your Sanity: Downgrade Your Life," *New York Times*, August 18, 2017, https://www.nytimes.com/2017/08/18/opinion/sunday/technology-downgrade-sanity.html?smid=li-share.

9. Thor Berger, Chinchih Chen, and Carl Benedikt Frey, "Drivers of Disruption? Estimating the Uber Effect," Oxford Martin School of University of Oxford, January 23, 2017, http://www.oxfordmartin.ox.ac.uk/downloads/academic/Uber_Drivers_of_Disruption.pdf

10. "Map: The Most Common* Job In Every State," Planet Money, February 5, 2015,

http://www.npr.org/sections/money/2015/02/05/382664837/map-the-most-common-job-in-every-state.

11. Johana Bhuiyan, "Uber for Trucks Is Here: Here's How It Will Work," *Recode*, May 18, 2017, https://www.recode.net/2017/5/18/15657862/uber-travis-kalanick-trucks-freight.

12. Paul A. Eisenstein, "Tesla Is Building a Pickup and a Semi-Truck," NBC News, April 14, 2017, https://www.nbcnews.com/business/autos/tesla-building-pickup-semi-truck-n746611.

13. "What's Next for Artificial Intelligence," *Wall Street Journal*, June 14, 2016, https://www.wsj.com/articles/whats-next-for-artificial-intelligence-1465827619.

14. 1995 年国际管理大会（International Management Congress）。

15. Daniel Stamp, *The Invisible Assembly Line: Boosting White-Collar Productivity in the New Economy* (New York: American Management Association, 1995), 3.

16. US Census Bureau, *20th Century Statistics*, accessed October 2, 2017, https://www.census.gov/prod/99pubs/99statab/sec31.pdf.

17. 此处"当事人"指的是由各大唱片公司资助的美国唱片业协会（RIAA）。

18. "RIAA v. The People: Five Years Later," Electronic Frontier Foundation, September 30, 2008, https://www.eff.org/wp/riaa-v-people-five-years-later.

19. 尽管唱片公司在尝试苹果的理念，但直到 2008 年仍在沿袭前面提到的三种解决途径。

20. David Holmes, "Who Killed the Music Industry?" *Pando*, August

5, 2013, https://pando.com/2013/08/05/who-killed-the-music-industry-an-interactive-explainer/.

21. "MUSO", https://www.muso.com/market-analytics-global-music-insight-report-2016/.

22. "Introducing Pay-Per-Mile Car Insurance," Metromile, accessed October 2, 2017, https://www.metromile.com/.

23. "Customer-Centricity in Insurance," Boston Consulting Group, accessed October 2, 2017, https://www.bcg.com/expertise/industries/insurance/customer-centricity-in-insurance.aspx.

24. Tanguy Catlin et al., "Time for Insurance Companies to Face Digital Reality," McKinsey & Company, accessed October 2, 2017, http://www.mckinsey.com/industries/financial-services/our-insights/time-for-insurance-companies-to-face-digital-reality.

25. "George Eastman," Eastman Kodak website, accessed October 2, 2017, http://www.kodak.com/corp/aboutus/heritage/georgeeastman/default.htm.

26. "Obama Awards the National Medal of Science and National Medal of Technology and Innovation Ceremony: Speech Transcript," *Washington Post*, November 17, 2010, http://projects.washingtonpost.com/obama-speeches/speech/502/.

27. Claudia Deutsch, "At Kodak, Same Old Things are New," *New York Times*, May 2, 2008, http://www.nytimes.com/2008/05/02/technology/02kodak.html.

28. "Corporate Longevity," Innosight, accessed October 2, 2017, https://www.innosight.com/wp-content/uploads/2016/08/

Corporate-Longevity-2016-Final.pdf

29. Patrick Thompson and Caroline Viguerie,. "The Faster They Fall." *Harvard Business Review*, July 31, 2014, accessed October 8, 2017, https://hbr.org/2005/03/the-faster-they-fall.

30. 对于触点框架以及生态圈的最初构思，主要来自托马斯与 Imaginatik 的 CEO 拉尔夫・韦尔伯恩的对话。

31. Yossi Sheffi, "China's Slowdown: The First Stage of the Bullwhip Effect," *Harvard Business Review*, September 9, 2015, https://hbr.org/2015/09/chinas-slowdown-the-first-stage-of-the-bullwhip-effect.

第六章

1. 我们认为哈斯廷斯的创业动机变得有些像民间传说，网飞的联合创始人马克・伦道夫（Marc Randolph）表示这个故事纯属虚构。

2. Austin Carr, "Blockbuster Bankruptcy: A Decade of Decline," *Fast Company*, September 22, 2010, https://www.fastcompany.com/1690654/blockbuster-bankruptcy-decade-decline.

3. Mae Anderson and Michael Liedtke, "Hubris—and Late Fees—Doomed Blockbuster," *Associated Press*, September 23, 2010, http://www.nbcnews.com/id/39332696/ns/business-retail/t/hubris-late-fees-doomed-blockbuster/.

4. Alexis Madrigal, "How Netflix Reverse Engineered Hollywood," *The Atlantic*, January 2, 2014, https://www.theatlantic.com/technology/archive/2014/01/how-netflix-reverse-engineered-

hollywood/282679/.

5. Madrigal, "How Netflix..."

6. "How Netflix Uses Analytics To Select Movies, Create Content, and Make Multimillion Dollar Decisions," Kissmetrics (web log), accessed October 2, 2017, https://blog.kissmetrics.com/how-netflix-uses-analytics/.

7. David Carr, "Giving Viewers What They Want," *New York Times*, February 24, 2013,http://www.nytimes.com/2013/02/25/business/media/for-house-of-cards-using-big-data-to-guarantee-its-popularity.html?mcubz=0.

8. Jay Moye, "Share a Coke: How the Groundbreaking Campaign Got Its Start 'Down Under,'" Coca-Cola Company, September 25, 2014, http://www.coca-colacompany.com/stories/share-a-coke-how-the-groundbreaking-campaign-got-its-start-down-under.

9. "New Live-Design Experience Promises Custom Shoes in Less Than 90 Minutes," Nike, September 5, 2017, https://news.nike.com/news/nike-makers-studio.

10. Andrew Seybold, "iPhone Passes BlackBerry, But The Race Is Far From Over," *Forbes*, November 9, 2010, https://www.forbes.com/sites/investor/2010/11/09/iphone-passes-blackberry-but-the-race-is-far-from-over/#b099396520fd.

11. Dan Thorp-Lancaster, "Kantar's Latest Smartphone Market Share Report Sees Windows Phone Dip Below 1 percent in the U.S.," Mobile Nations, January 11, 2017, https://www.windowscentral.com/kantars-latest-smartphone-market-share-

report-sees-windows-phone-dip-below-1-us.

12. Eric McLuhan and Frank Zingrone, eds., *Essential McLuhan* (London: Routledge, 1997), 273.

13. Nicole Ellison, Rebecca Heino, and Jennifer Gibbs, "Managing Impressions Online: Self-Presentation Processes in the Online Dating Environment," *Journal of Computer-Mediated Communication* 11 (2006): 415–441, http://onlinelibrary.wiley. com/doi/10.1111/j.1083-6101.2006.00020.x/epdf.

14. "Dove Real Beauty Sketches," YouTube, promotional video posted by "Dove US," April 14, 2013, https://www.youtube.com/ watch?v=XpaOjMXyJGk.

15. 顺便说一下，在 YouTube 上有一个恶搞这个广告的视频，主人公换成了人，我们先不剧透，你可以自己猜猜是什么样的。

16. Retail Equation, 2015 *Consumer Returns in the Retail Industry* (Irvine, CA: Author, 2016), https://nrf.com/sites/default/files/Images/ Mediapercent20Center/NRFpercent20Retailpercent20Returnperce nt20Fraudpercent20Final_0.pdf.

17. Ray Smith, "A Closet Filled With Regrets," *Wall Street Journal*, April 17, 2013, https://www.wsj.com/articles/SB1000142412788 7324240804578415002232186418.

18. A. Chopra and E. Skolnick, *Innovative State.* (New York: Grove Press, 2016).

19. "Patient Navigator Saves Clients Money," Patient Navigator, accessed October 2, 2017, http://www.patientnavigator.com/ patient-navigator-saves-clients-money/.

20. Melissa Aldridge and Amy Kelley, "The Myth Regarding the High Cost of End-of-Life Care," *American Journal of Public Health* 105, no. 12 (2015): 2411–5, https://www.ncbi.nlm.nih.gov/pmc/articles/PMC4638261/.

21. National Human Genome Research Institute (NHGRI) (2017). The Cost of Sequencing a Human Genome. [online] Available at: https://www.genome.gov/27565109/the-cost-of-sequencing-a-human-genome/ [Accessed 7 Oct. 2017].

22. Dawn McMullan, "What Is Personalized Medicine?" *Genome*, accessed October 2, 2017, http://genomemag.com/what-is-personalized-medicine/.

23. US Centers for Medicare and Medicaid Services, "NHE Fact Sheet," accessed October 2, 2017, https://www.cms.gov/research-statistics-data-and-systems/statistics-trends-and-reports/nationalhealthexpenddata/nhe-fact-sheet.html.

24. 伊莱克斯从此引入了一台机器人真空吸尘器。

25. "Human-Animal Teams as an Analog for Future Human-Robot Teams: Influencing Design and Fostering Trust," *Journal of Human-Robot Interaction*, Vol. 5, No. 1, 2016, Pages 100-125, DOI 10.5898/JHRI.5.1.Phillips

第七章

1. Ron Grossman, "Sears Was the Amazon.com of the 20th Century," *Chicago Tribune*, May 12, 2017, http://www.chicagotribune.com/news/opinion/commentary/ct-sears-roebuck-homan-catalog-flashback-

perspec-0514-jm-20170512-story.html.

2.　Barbara Maranzani, "The Mother of All Catalogs Ceases Publication," History.com, January 25, 2013, http://www.history. com/news/the-mother-of-all-catalogs-ceases-publication-10-years-ago.

3.　Geoff Colvin, "Why Sears Failed," *Fortune*, December 9, 2016, http://fortune.com/2016/12/09/why-sears-failed/.

4.　Natalie Zmuda, "Is Sears Holdings' Loyalty Program Helping or Hurting It?" *AdAge*, August 23, 2013, http://adage.com/ article/cmo-strategy/sears-holdings-loyalty-program-helping-hurting/243796/.

5.　Joe Cahill, "Another Thing That Hasn't Saved Sears: Loyal Shoppers," *Crain's Chicago Business*, August 23, 2013, http://www. chicagobusiness.com/article/20130823/BLOGS10/130829907/ another-thing-that-hasnt-saved-sears-loyal-shoppers.

6.　Jim Tierney, "Is the Shop Your Way Loyalty Program the Long-Term Answer at Sears?" Loyalty360 newsletter, May 31, 2017, https://www.loyalty360.org/content-gallery/daily-news/is-the-shop-your-way-loyalty-program-the-long-term.

7.　Charles Duhigg, "How Companies Learn Your Secrets," *New York Times*, February 16, 2012, http://www.nytimes.com/2012/02/19/ magazine/shopping-habits.html.

8.　Franklin Foer, "Amazon Must Be Stopped," *New Republic*, October 9, 2014, https://newrepublic.com/article/119769/amazons-monopoly-must-be-broken-radical-plan-tech-giant.

9. "Americans Spend an Average of 17,600 Minutes Driving Each Year," American Automobile Association (press release), accessed October 2, 2017, http://newsroom.aaa.com/2016/09/americans-spend-average-17600-minutes-driving-year/.

10. Chris Isidore, "What's the Safest Way to Travel," *CNN Money*, May 13, 2015, http://money.cnn.com/2015/05/13/news/economy/train-plane-car-deaths/index.html.

11. 此后特斯拉调整了这种突然变道的行为，使变道操作更加温和舒适。

第八章

1. "Cryptocurrency Market Capitalizations," CoinMarketCap website, accessed October 2, 2017, https://coinmarketcap.com/; and "Currency in Circulation: Value," Board of Governors of the Federal Reserve System website, accessed October 2, 2017, https://www.federalreserve.gov/paymentsystems/coin_currcircvalue.htm.

2. 这意味着它不是基于黄金标准或任何其他商品的价值。

3. "Spend Anywhere, Without Fees," Monaco, accessed October 2, 2017, https://mona.co/.

4. Ben Dickson, "How Blockchain Can Create the World's Biggest Supercomputer," *TechCrunch*, December 27, 2016, https://techcrunch.com/2016/12/27/how-Blockchain-can-create-the-worlds-biggest-supercomputer/.

5. "The Golem Project Crowdfunding Whitepaper," Golem Project,

November 2016, https://golem.network/doc/Golemwhitepaper.pdf.

6. "Vitalik Buterin: 'Putin Knows What Blockchain Is – This Is the Hype' [article translation from Russian] ," Reddit web log post by "Treo123," accessed October 2, 2017, https://www.reddit.com/ r/ethereum/comments/6xdsvr/vitalik_buterin_putin_knows_what_ Blockchain_is/.

7. Patrick Howell O'Neill, "The Cyberattack That Changed the World," *Daily Dot*, May 20, 2016, https://www.dailydot.com/ layer8/web-war-cyberattack-russia-estonia/.

8. "Facebook Statement of Rights and Responsibilities," last modified January 30, 2015, accessed October 1, 2017, https://www.facebook. com/terms.php.

9. Gar Alperovitz. "The War Was Won Before Hiroshima-And the Generals Who Dropped the Bomb Knew It," *The Nation*. August 5, 2015, accessed October 7, 2017, https://www.thenation.com/article/ why-the-us-really-bombed-hiroshima/.

10. Mike Gault, "BlockCloud: Re-inventing Cloud with Blockchains," Guardtime website, accessed October 2, 2017, https://guardtime. com/blog/blockcloud-re-inventing-cloud-with-Blockchains.

11. Robert M. Wachter, *The Digital Doctor: Hope, Hype, and Harm at the Dawn of Medicine's Computer Age* (New York: McGraw-Hill Education, 2017).

12. Sam Levin, "Face-Reading AI Will Be Able to Detect Your Politics and IQ, Professor Says," *Guardian*, September 12, 2017, https://www.theguardian.com/technology/2017/sep/12/artificial-

intelligence-face-recognition-michal-kosinski.

13. Isaac Asimov, "Runaround," in *I, Robot* (New York: Doubleday, 1950), 40.

14. James Vincent, "Satya Nadella's Rules for AI Are More Boring (and Relevant) Than Asimov's Three Laws," *The Verge*, June 29, 2016, https://www.theverge.com/2016/6/29/12057516/satya-nadella-ai-robot-laws.

15. Vincent, "Google's AI Researchers Say These Are the Five Key Problems for Robot Safety," *The Verge*, June 22, 2016, https://www.theverge.com/circuitbreaker/2016/6/22/11999664/google-robots-ai-safety-five-problems.

16. Our World in Data., "World Population Living in Extreme Poverty, 1820-2015," 2017, accessed October 7, 2017, https://ourworldindata.org/grapher/world-population-in-extreme-poverty-absolute.